〈修道〉——その軌跡と展望

広島修道大学五〇周年記念学術シンポジウム

もくじ

はじめに

本書は、二〇一〇年一一月六日（土）、リーガロイヤルホテル広島で開催された広島修道大学五〇周年記念学術シンポジウム「〈修道〉――その軌跡と展望」を記録したものである。シンポジウムの趣旨等は、記録のなかに示されているので繰り返さない。

本書の編集に際しては、読みやすさを考慮し、各登壇者において手直しを加えた。また、シンポジウム当日は発表時間の制限のために説明が十分でなかった点については注を施したほか、巻末に建学の精神を踏まえた広島修道大学の学士力および修道学園と広島修道大学の関係年表についての資料を加えた。

ささやかな本書であるが、広島修道大学の建学の精神の理解と普及の一助になれば、幸いである。

二〇一一年三月

趣旨説明

開演に先立ちビデオ上映〜ナレーション〜

自然界に存在するさまざまな道、空に海に天空に思いをはせ、古くから私たち人類は、希望と夢に満ちた新天地をめざしてきました。その道のりは古く紀元前にさかのぼります。人類の歩むべき道、その探求に洋の東西を問わず、多くの学者や文化人が挑

相馬伸一

戦し、自然界という調和のとれた法則と向かい合ってきました。

「率性之謂道　修道之謂教」

中国の儒学の古典『中庸』の一説です。「人間にはそれぞれの天性がある。天性を伸ばすのが人間の道である。その道をしっかりとしたものに整えるのが教育である。」という意味に解されます。広島修道大学の修道という名は、この一節に由来しています。

一七二五年、広島藩五代藩主浅野吉長は講学所を創始しました。修道の精神がここ広島に芽吹いたのです。その後、七代藩主重晟が城中二の丸に開設した学問所を、一八七〇年十二代藩主長勲が八丁堀馬場へ移し修道館と称したことで、修道という名が広

く知られるようになりました。

相馬　皆さん、こんにちは！

お休みのところ、広島修道大学五〇年の記念行事へのご来場、誠にありがとうございます。

本日は、ここリーガロイヤルホテル広島を舞台に、このシンポジウムを皮切りに、夜の同窓大会まで、広島修道大学の多様な側面を反映して、盛りだくさんの企画を整えさせていただいています。その冒頭として、やはり大学でありますので、学術的な場を設けさせていただきました。どうぞよろしくお願い致します。

本日のシンポジウムは、そのテーマを「〈修道〉――その軌跡と展望」と掲げております。修道に〈 〉がついていますのは、修道学園、そして広島修道大学はもとより、グローバルなレベルで、また歴史的なレベルで、「修道」という言葉に迫っていこうという趣旨からです。

このシンポジウムの流れは、趣旨説明に続いてパネリスト三人からの報告を合わせて一時間程度、そのあとパネリストの意見交換を行い、続きまして本日お招きしていますコメンテーターの先生からご発言をいただき、とりまとめをさせていただきます。

このシンポジウムの趣旨とコンセプトは、簡単に申し上げると二つの言葉に要約されます。温故知新と自我作古です。

温故知新の取り組みとして

温故知新については説明はいらないと思われます。近年、各大学はその理念と目標を明らかにすることを求められていますが、建学の理念は、空気のような存在で、なかなか意識的にはとらえられないものです。五〇年という節目にあたり、過去に学び、未来への示唆をくみとっていこうというものです。

広島修道大学は、広島においては修道学園の伝統のもとにある大学として、一定のブランドを確立していますが、全国的にみるとその成り立ちは十分に知られていません。卑近な例ですが、私が東京・神

田の古書街に行った時のことです。絶版になっていた本を見つけて喜んで購入し、研究費で落とすのに領収書を頼みました。大学名を説明するのに「修学旅行の修に、道路の道です」と言ったのですが、帰りの新幹線で領収書を見ると、広島修道院大学と書いてありました。私は思わず妄想癖が働きまして、この広島修道大学のキャンパスに三人の修道士様が降り立ったのを想像してしまいました。修道士様のことを英語でmonkといいますが、本日のパネリストにそっくりの修道士様がキャンパスでブツブツ文句を言っております。

自我作古の実践として

あまり受けませんでした（笑）が、次に「自我作古」です。これは福沢諭吉が愛した言葉としても有名ですが、安易に他に頼るのではなく、そこにいる者が手持ちのリソースを用いてできるだけのことをして発信するという意味に解されます。大学の周年事業というと、外部の著名人を招いての講演等が行われることが多く、それはそれで意味があるのかもしれません。しかし、大学は様々な専門分野の研究者を抱えているわけであり、そのリソースを活用しない手はありません。市川学長は、慶応出身だからというわけではないのでしょうが、自我作古的でありまして、とにかく現場に足を運ぶこと、安易に人任せにしないことを言われています。

そこで、広島修道大学では、本年四月に、「学士力検討プロジェクト」[1]を設置しまして、広島修道大学の歴史や建学の理念の再検討に取り組み、学内で六度の公開学習会を実施しました。そして、七月に学長に答申を提出し、それに基づいて大学評議会で論議を重ね、この九月に建学の精神を踏まえた新しい教育方針、いわゆる三つのポリシーを策定しました。本日のパネリストの報告は、公開学習会の成果を踏まえたものです。

パネリスト、コメンテーターの紹介

では、本日のパネリストを紹介致します。

商学部の落合功教授です。落合教授は、日本経済史専攻ですが、海外インターンシップ等の実践的な授業の指導にもあたっています。学内では学術交流センター長も務める必殺仕事人です(笑)。提題は「広島修道大学と〈修道〉」です。

法学部の藤井隆教授です。藤井教授は、近代中国思想史専攻ですが、本学では中国語を担当していいます。学内ではジャンルを問わない究極の読書家として認知されており、知識があふれだして止まらなくなるのを恐れております。提題は、「思想史のなかの〈修道〉」です。

人間環境学部の松田克進教授です。松田教授は、西洋近代哲学専攻ですが、語学の達人で、酔うとエスペラント語で話しだします。今日は日本語でお願いします。提題は「〈修道〉を哲学する」です。

以上、三名の報告をうけて、コメンテーターからのご発言をいただきます。

コメンテーターにお迎えしましたのは、南山学園理事長ハンス ユーゲン・マルクス先生です。盛大な拍手をお願いします(拍手)。先生は、ドイツご出身、聖アウグスティヌス哲学・神学大学で学ばれ、一九七八年から南山大学で教鞭をとられ、一九九三年、南山大学第五代学長に就任されました。学長在任時には、南山学園と名古屋聖霊学園との法人合併、学部改組、大学院の改組に取り組まれました。本日のシンポジウムとの関連では、建学の理念の再解釈を行われ、二〇〇五年にビジョン・キーフレーズとして「個の力を、世界の力に。」を発表されました。二〇〇八年には附属小学校が開設され、これにあわせて南山学園理事長に就任され、小学校長を兼務され、昨日も授業をされたのちに広島においでいただきました。本日は、どうぞよろしくお願い致します。

なおコーディネーターは、人文学部教授、学長室長を務めております私・相馬伸一が務めさせていただきます。

それでは、さっそくパネリストの報告に移ります。

広島修道大学と〈修道〉

落合　功

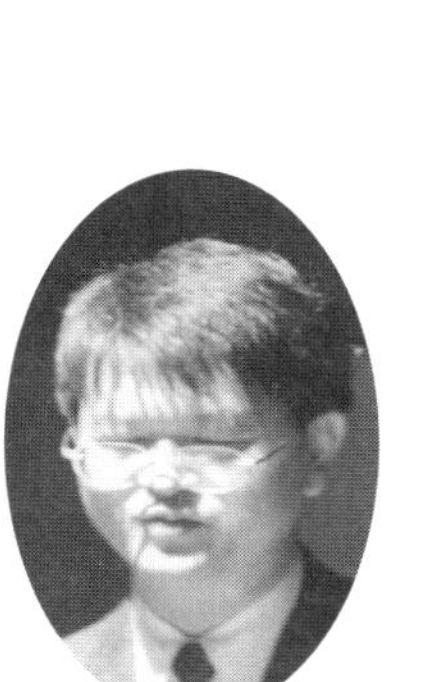

落合と申します。よろしくお願い致します。「広島修道大学と〈修道〉」という大きなタイトルですが、時間も二〇分ということで限られております。よろしくお願いいたします。

一九七三年、広島商科大学は、商学部の単科大学から人文学部を増設することに伴い、商科という言葉がふさわしくないと、広島修道大学に名称変更しました。その理由は、国際都市としての「広島」と、「修道」という言葉を入れようとしたものです。もちろん、広島国際大学ですとか、安芸大学あるいは修道館大学、沼田大学などいろんな意見が出された中で、「修道」という言葉を入れようということになりました。[2]じゃあ広島で愛着のあるこの「修道」という言葉はいったい何なのか。これが、今回のシンポジウムのテーマと考えております。

修道短期大学設立の背景

戦後直後の話に移りたいと思います。田中好一氏に対して理事長の就任をお願いしたときの話が残されています。この田中好一氏という人は、今の株式会社ザイエンスの社長でした。かつては山陽木材防腐株式会社といわれておりまして、枕木ですとか電柱などを作っていた会社なのですが、高度経済成長で有名な池田勇人首相を広島で支えていた懐刀として知られています。この田中好一氏を理事

田中好一理事長

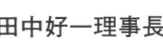

長にお願いするときの会話として「広島に対するご奉仕を願えませんでしょうか」と言った時、田中好一氏が「奉仕よのぉ、考えてみよう」というふうに答えたという話があります。

　広島修道大学は、このような形で広島に対する「ご奉仕」。私学でありながら、一つの藩校というものを淵源に持つ大学として地域に愛され続けていた大学だということが、この話からもわかると思うのです。また、藩校を淵源に持つ私立大学は、おそらく全国でも広島修道大学だけではないかと思います。

「設立趣意書」というのが残されています。

一九五〇年一一月二四日に作成されたものですが、

設立趣意書

これは皆様にもお配りされる五〇周年記念誌『広島修道大学五十年史』の付録にも資料として残されているものです。この「設立趣意書」。これには今申し上げました田中好一氏と、広島商工会議所の会頭であった藤田定市氏、あるいは広島県私学PTA会長の林興一郎氏、この三人が連記された形で作成されたのです[3]。

　これによりますと、「商業貿易関係の実務にたずさわり、この方面の躍進を力づける教育の機関」を設置することを望みたい。あるいは「戦前戦後を問わず、あたら英才がどれほど家庭の経済事情のためにむなしく雄志をくじかれて来たことでありましょうか」。そして、「広島の中堅人物を生み出して行き

藤田定一氏

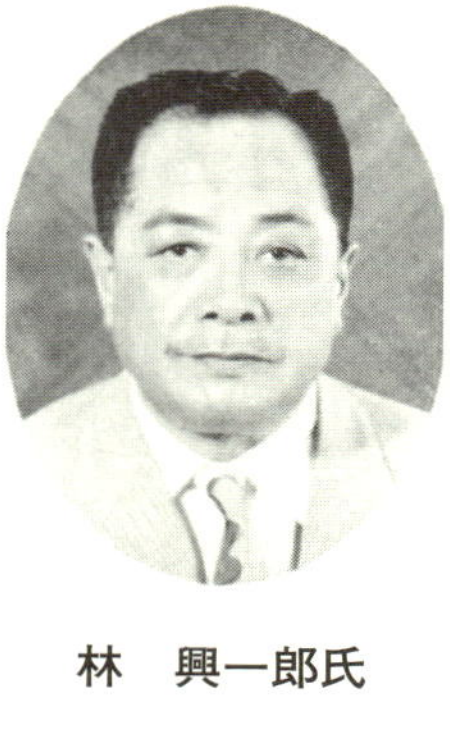
林　興一郎氏

たい」、などと述べています。このような広島の地域の切実な課題のなかで、当時は短大ですけども設置を目指してきたといえるのです。

藩校から修道学園へ

それでは藩校の時代を振り返ってみたいと思います。一七二五（享保十）年、講学所が設置されまして、一七三四年に講学館に名称が変わっております。その後、一七四三（寛保三）年に藩の財政が逼迫したということで、講学館は廃止されます。[4] この後、講学館という藩校は廃止されるということで、しばらく無くなるかというとそうではなく、寺田半蔵という先生がそのまま私塾として引き継ぐわけです。その後、一七八二（天明二）年にもう一度学問所として再興されることになるのです。この後、ずっと続くのですが、この時、藩学は朱子学と古学という二つの学問が藩の両輪として存在していました。それが他の学派を排斥するという運動がありまして、一七八五（天明五）年、古学という学問が禁止された。寛政異学の禁ということで全国的にも朱子学以外の学問は禁じられてしまいます。この前に広島のほうでも同じ動きがあったわけです。それで一七八九（寛政元）年には、古学が広島藩の藩学から外されてしまいました。ところが、この古学は私塾として、ずっと存続するのです。その後しばらくたちまして一八七〇（明治三）年に学問所は修道館に名称を変えます。[5] このとき、皇学＝国学・洋学・医学・漢学という四学を統合したいわゆる総合大学のような形で設立します。だけど一八七一年、廃藩置県により藩校である修道館は廃止されました。この後また、一八七七年には浅野学校が設置され、その後、学制改革で修道学校という名前に改称します。一八八一年に改称したこのとき山田養吉氏に「校務一切を委任する」ということで、いわゆる校長先生として登用した

山田養吉氏

のです。

この山田養吉氏とはどういう人かと言いますと、当時、東京の海軍兵学校で先生をしていました。この修道学校の設立に伴い浅野長勲の要請を受けて、地元で人材育成を行いたいということで辞表を出し、着任した先生として知られます。[6] その後、広島県の中学校を広島尋常中学校に編成する時、有志の寄付金を募ってという形で中学校を組織するのに私立学校などがあってはまずいということで、修道学校は廃止されました。そして、一九〇〇（明治三三）年に再び修道学校が設置されるのです。この一八八六年に一時期廃止されたときも、山田養吉氏が私塾を開いて継続していくことになるのです。[7]

さて、大学の流れとしましては、一九五二（昭和二七）年に短期大学が設立され、五六年には昼間部、そして六〇年には四年制大学としての広島商科大学が開学されるという流れになっていく訳です。

簡単に大きな流れを紹介してきました。要するに、今回五〇周年ということですが、これは広島商科大学が開学してからの年数です。修道短期大学が開学してからは五八年になります。そして、さらにもっと長い眼で見ますと、講学所いわゆる藩校として考えた場合は二八五年になるという訳です。

二八五年藩校があったからといって別に直接関係ないという話がありますが、やはり起源があるということは重要なことかなと思います。伝統というものは、買おうと思っても買うことはできません。その意味で、この伝統というもの自体を残しておくことは大事なのかなと思う訳なのです。

私学の可能性

ここまで紹介した中で、いくつか思うところを述べさせていただくと、まず一つ目としましては、藩校として藩が設立しますが様々な危機を迎えます。財政が不足した。あるいは藩学の両輪である朱子学と古学のうち古学が認められない。あるいは廃藩置県。こういったとき、藩校が断絶の危機にあうわけですが、家塾あるいは、私塾として藩学としての伝統が引き継がれるわけです。これは非常に重要なことであります。藩というのはいわゆる藩の財政とかの藩の理屈によって、学問が引き継がれず、伝統が断絶される危機があるわけですが、私塾の存在は、この伝統の断絶の危機を埋めて藩学を脈々と伝えることができたということになります。その意味では、学問あるいは藩学の伝統を支えていくというとき、ある意味では私学こそが教育理念を達成しやすい、ということができるのではないかと思うのです。

　藩学の伝統はどういうものだったのか。このことについて、一番最初の藩校である講学所を設立した藩主浅野吉長は、以下のように述べております。[8]「文武は両輪のことし」ということ。あとそれから「学問なきときは万事の道理に不悉《ふしつ》して、自然と忠孝の志にたかへる《違える》行跡も出来易く」、あるいは「学問も有之者《これあらば》、物毎《ものごと》に付而《ついて》義理善悪之筋明らかに成《なり》、弥《いよいよ》言行風俗之迄も宜……諸事に誤有間敷《あるまじき》候」いうようなことを述べています。要するに「文」と「武」というものは一つの両輪であると。武道だけが非常に優れていたとしても、それは強いだけだ。強いだけだったら正しいところに「武」が活かされないこともあるということで、学問を通して道理を得、あるいは義理善悪などを明らかにするなかで初めて言行風俗などもよろしくなる。諸事誤りのないようにすることができるだろう、というようなことになるのです。最近のことでたとえれば、お金儲けの方法を勉強します。だけど、お金儲けだけではなくて、その倫理というものが求められているのです。ここで浅野吉長が言っていたことは、やはり「武」だけではなくて「文」、いろいろな道理を勉強する必要があるのだと述べているのです。

　もうひとつ「学規三則」というものがあります。これは寺田半蔵という当時の講学所の校長という立場の人が作成したものですが、「講学之道要在修身（講学の道、要は修身にあり）」と、書かれてあります。[9]修身というのは「身を修める」ということを意味しますが、つまりそれは、身を整えるという意味になります。「修身斉家治国平天下（天下を平らげ治めるために、まず個人がそれぞれ悪を排し善に進むように身を修め、ととのえていく）」という言葉があるように、近代以降の忠君愛国などの修身教育とは性格が異なります。[10]

また、藩学の伝統について、注目できることとしましては、講書の趣意は「五常五輪之道理に候得は、陪臣農工商たりとも罷出、聴聞仕可申候事（ごじょうごりんのどうりにそうらえば、ばいしんのこうしょうたりともまかりいで、ちょうぶんつかまりもうすべきそうろうこと）」ということで、五常五輪の道理であると、人の守るべき道徳などを勉強するものであるので、武士だけでなくて身分に関係なく農工商様々な人の聴講を認めています。そこでの座席とか様々なところで、身分による差があることは確かなのですが、庶民においても開かれた教育をこの段階から行われていたことが紹介できます。

「実学」の伝統

藩学の伝統の特徴を紹介しましょう。広島藩の最後の藩主である浅野長勲は「近年儒学は詩文等の技芸に走りて実学に遠さかり、修学も遂に国家の実用に適せさるの憂あるを歎せられ」と、学問というものが実学であるべきだということで、技芸同様では「甚だ歎かわしきことである」と、述べています。[11]

ここで実学という言葉が出てきますが、この場合の実学とは、近代以降の実際すぐ役立つような学問という意味とは性格を異にしています。[12] いわゆる、「国家の実用」ですとか「経世済民」といわれるような、国家に役立つもの、あるいは経済、こういったものが実学であり、いわゆる技芸ではないことが記されています。つまり、これは実学か否かということは、それ自体の学問分野、要するに、歴史は実学か、哲学が実学か、数学は実学か、あるいは経営学は実学かという問題なのではなくて、その学問に関して目的意識的に紹介していく、「なぜこの学問が必要なのか」「こういう意味で役立つ」とか、そういうところを意識的に紹介しているかどうか、上手に活用できるか、当時の言葉でいえば善悪とか評価を加えるような形で存在するもの。ある面では物の見方ですとか、考え方を役立たせる、これこそが実学であると思うのです。

〈修道〉はいかに語られてきたか

それでは「修道」とは何なのかということですが、一八八一年修道学校が設立されるときに浅野長勲は校長にあたる山田養吉に対してこのようなことを述べています。「道徳を修むるを以て本校の主義とすへき事」近代以降の道徳教育の発想も含まれ、こういう形で入ってきているのでしょう。[13]

浅野長勲公

戦後におきましては、森戸辰男氏。広島大学の学長でもあり、あるいは文部大臣としてもよく知られています。現行憲法制定においても、社会保障に関しましては、森戸辰男氏が非常に重要な役割を果たしたということはよく知られたところです。この森戸辰男氏、本学の名誉学長になっていた時期があります。森戸辰男氏は、講演のなかで「(修道というものは、)『学問の基本を修身におき、広い視野に立っての学問の奨励をすると共に、道義正しい実践的人物の養成』を目的とした広島藩教学の伝統を象徴するものと云われております。と同時に〈修道〉はまた、戦後日本の新しい時代にふさわしい学風を結集するための、こよない核心となりうるでありましょう」と述べています。[14]

森戸辰男氏

また一九六一年に原田学長が告示をされた時には、「本学の建学の精神と申しますのは、修道学園の名称の通り、学園をして〈道を修むる道場〉をたらしめんこと」いうようなことを述べています。あるい

原田学長

は、一九七三年の隅田学長は「修道なる語に対してわれわれが抱きがちなイメージは、倫理道徳と言った古めかしいものであったり、修道院から連想させられる宗教的なものであったりするであろう。しかし前述の如く、この修道という語はあくまで学問をなさんとする者の心構えを、従って、また大学のあるべき姿を物語るものである。」などと述べています。隅田学長の段階で、倫理道徳というようなもの、あるいは修道院などの連想されるようなものではない、新しいものとして考えるべきだということを明確に述べているわけです。

隅田学長

時間があっという間に過ぎてしまいました。このように藩校からの伝統を修道の中に込めて、現在にまで広島修道大学は生き続けてきたのかなというふうに思う訳であります。その中で言えることは、実学という言葉、先程も申し上げましたように、この場合の実学というのは技芸あるいはスキルではなく、国家の実用である。あるいは、経世済民ですとか、そういった実学というものを尊重する場所として位置づけられてきたのかなと。あともう一つは、庶民教育を基本としていたと言えるのではないかと。大衆的な高等教育を推進していく、これは本学における設立の趣意書におきましても、中堅人材を輩出していくんだと主張している。こういったところにも繋がってくると思う訳です。様々な人たちを対象とし、裾野の広い教育をしていこう、という姿が脈々と現在にまでつながってきたのかなと思うのです。後は修道の理解、これに関しましては森戸辰男名誉学長、原田元学長、隅田元学長、あるいは浅野長勲、こういった人たちの話を見ましても理解は時代によって様々変化していると思います。この点に関しましては、もう一度原点に返って、まさに本日考える点なのかなと思っています。時間になりましたので以上で報告を終わります。

思想史のなかの〈修道〉

藤井　隆

「思想史のなかの〈修道〉」というタイトルで少しお話をさせていただきます。約二〇分間という時間ですので、あまり詳しくはお話できませんが、この〈修道〉という語がこれまでどのように解釈されてきたかということについて、簡単にご紹介いたします。

三つに分けてお話します。最初に先ほどのビデオにもありましたように、〈修道〉という語が『中庸』という書物の冒頭からとられていることから、『中庸』という書物はどういう書物だったのかということについて、少しお話してみたいと思います。それから第二番目に、肝心の〈修道〉という語が、これまでの人びとによってどのように解釈されてきたのか、先ほども落合先生のお話の中で本学の歴代学長等の解釈が紹介されましたが、歴史的にどのように解釈されてきたのかということについてお話をしたいと思います。最後に、そういった歴史的解釈を踏まえてわれわれが今こうして大学の教育理念を考えるさいに、本学の名称が〈修道〉であるということをいかに活用し得るかということについて、三点ばかり考えを述べたいと思います。

『中庸』について

それでは最初に、これは先ほどのビデオにもありましたが、『中庸』という書物の冒頭に「天命之謂性、率性之謂道、修道之謂教（天の命ずるをこれ性と謂う、性に率《したが》うをこれ道と謂う、道を修むるをこれ教と謂う）」とあり、ここに〈修道〉という語の由来があるのですが、この『中庸』という書物はどういった書物なのかということについて簡単にご紹介します。

　まず、成立したのがかなり古い書物で、紀元前三世紀～二世紀ごろに作られたのではないかと言われています。最近でも古代の文物がたくさん発掘されていまして、成立年代はだんだんと絞られているのですが、今のところ大体紀元前三世紀～二世紀ぐらい、日本でいうとちょうど縄文時代から弥生時代に移り変わる頃に作られたものだと考えられています。作者についてもまだ確定したことは言えないのですが、司馬遷の『史記』は、『中庸』を書いたのは孔子の孫の孔伋《きゅう》という人、字《あざな》のほうが有名で子思《しし》といいますが、この孔子の孫が書いたものだと言っています。この説に対しては、それを肯定する意見や、あるいはそれを批判するような説もさまざまあるのですが、いずれにしても、孔子の孫の手になると考えられたことの背景に、この書物が儒学テキストとして非常に重要視されていたということがうかがえます。

子思

　みなさん「四書五経」というお言葉をお聞きになったことがあるかと思いますが、「四書五経」というときの「五経」のなかの一つに『礼記《らいき》』という書物があります。これは、紀元前二世紀、中国の前漢の時代に、儒学を国家システムの根本とすると決まったさいに、儒学の基本テキストとして選定された五つの書物（「五経」）のなかの一冊です。ちなみに他の四つの書は『詩』『書』『易』『春秋』です。これら五つのテキストが儒学の根本教典に選ばれたわけですが、『中庸』はこの『礼記』が編纂されたさいに、そのなかの一篇として含められたのです。『礼記』という書物は文字どおり、礼について記述した書物です。例えば子どもが朝起きたら親にどのようにお辞儀して挨拶するべきか、あるいは寝る前にどのように親に挨拶するべきかとか、また親族が亡くなった場合の葬礼はどのようにとり取り行うべきかというような、非常に細かいマナーが礼であり、『礼記』の多くの篇にはそういった礼がこまごまと記載されています。

『礼記』は四九篇で構成されていて、その中の一篇が『中庸』というわけです。この『中庸』は『礼記』のなかではやや特異な篇で、そこには具体的な作法に類することはほとんど書いてなくて、「天の命ずるのが性だ」とか、「性に率うのが道だ」とか、そういう抽象的と言いますか、かなり思弁的なことが書かれています。その点で、儒学者の間でも非常に注目されて、南北朝時代、大体五世紀から六世紀の頃には単独の書物として『礼記』から取り出され、注釈が作られてきました。このことからも非常に重視されてきたテキストだということが分かります。

『中庸』という書物がいっそう重視されるようになったのは、西暦一三世紀の南宋の時代に、「朱子学」で有名な朱熹という人が、儒学を学ぶ者がもっとも深く研究するべき書物として、「四書」というものを確定したことによります。『中庸』がこの「四書」のなかのひとつに入れられたのです。ちなみに『中庸』の他は、『大学』、『論語』、『孟子』です。儒学を学ぶ者にとってもっとも重要なテキストのひとつとして、この『中庸』が指定されたわけです。日本でも鎌倉時代以降、儒学の研究は進んでいまして、江戸時代にも多くの儒者が儒学テキストに対して注釈をつけていて、『中庸』の注釈書も数多く著されています。

「四書」を確定した朱熹は、この四つの書物に関する学習法まで定めています。六、七才から漢字を学びはじめて、一五才頃から本格的に儒学の勉強に取り組むのですが、朱熹は、まず『大学』を読んで学問の規模を定め、次に『論語』を読んで根本を立て、さらに『孟子』を読んで発展を見、そして「四書」のなかでは最後の段階として『中庸』を読んで古人の説の微妙なところを求めよ、とアドバイスしています。このように『中庸』という書物はかなり難解で、先ほど申しましたように思弁的な内容を多く含んでいるので、『論語』など具体的な記述を多く含んだテキストをさきに学んでから、最後の段階として『中庸』に取り組むべきだと朱熹は述べているのです。

〈修道〉の解釈の流れ

『中庸』に関してはこのくらいにして、これから『中庸』の冒頭についての話に移ります。まず先ほどから何度も出ていますように、冒頭は三つのセンテンスから成り立っています。「天の命ずるをこれ性といい、性に率うをこれ道といい、道を修むるをこれ教という」。読み下し方はいろいろありますが、この三センテンスは「性」と「道」と「教」という三つの概念を定義していると見なすことができます。三つの定義が並んでいるわけですね。この定義は同じ形式で並んでいますから、一つながりの主張が込められていると考えられます。そして、「性」を定義したうえで、この「性」をつぎの「道」を定義するために使っている。さらに「道」を定義したあとで、その「道」を使って「教」を定義している。つまり「性」と「道」と「教」が連続的に定義されている。さらにはそれを最終的に基礎づけているのが「天命」つまり「天の命」であるといっている。「天」という概念は、古代中国では規範の源泉として非常に重視されていたもので、結局この三つの定義の連続によって、「天」と「性」と「道」と「教」という概念の連鎖を構築し、「教」というものが「天」に由来するものであり、だからこそ学ぶに値するものであるということを主張しているのです。『中庸』の冒頭はこのように解することができ、多くの人はこの三句こそが『中庸』のエッセンスであると言っています。

具体的な注釈についていくつか紹介します。「四書」に対しては朱熹がすべて自分で注を作っています。朱熹は七〇才まで生きましたけれども、六〇才のころに『中庸章句』という注釈書を作っていまして、「四書」のなかの『大学』については、亡くなる直前まで注釈を校訂していたといわれ、かれは「四書」に注することに非常に情熱を注いだ人ですが、その朱熹がつくった注のことを通称新注《しんちゅう》といいます。それに対して古い注、古注《こちゅう》というのは朱熹以前の注のうちの代表的な注釈を指していまして、『中庸』の場合は『礼記』の注として鄭玄《じょうげん》という人の注にもとづいて編纂された『礼記正義』という書物がオーソドックスな注釈と認められて、たとえば科挙においてもこの鄭玄の解釈が基準とされていました。朱熹の学問が普及してからは、朱熹の『中庸章句』が新注と呼ばれて新しい解釈の基本とされ、鄭玄注を古注と呼ぶようになったわけです。

これらの古注と新注で、この「道を修むるをこれ教と謂う」という部分はどのように解釈されているのでしょうか。まず鄭玄注、つまり古注では、「修は治である。治めて広げ、人がこれを倣うことを教えという」という注がつけられています。[15] そして朱熹の注では、ちょっと長いので要約しながら説明をまじえて紹介しますと、次のようになります。「修というのは品節することである。品節とは品に応じて調節する、アレンジするという意味です。「性」と「道」についてはいわば人間すべてに共通なものであるけども、しかしながら人は受ける気稟《ひん》――誕生のさいに受け取ったもの――によって異なるところがある。だから過不及の差がないわけにはいかない。人によっていろんな性質、得手不得手があるということです。だから聖人が人や物に応じてこれを品節、つまりアレンジして、それを天下に示した。具体的には「礼楽刑政」の類がそれである。「礼楽刑政」とは、各種のマナー（礼）、ふさわしい場におけるふさわしい音楽（楽）、逸脱行為に対する刑罰（刑）、そして政治全般（政）、つまり社会の根本的な秩序や制度をさす言葉です。これらは聖人がアレンジして作ったものであって、これが「教」つまり教えであり、それが『中庸』で説かれているのだ、こういうふうに朱熹は説明しています。[16] 古注、新注ともにこの「修道之謂道」を、教える者あるいは聖人がこれを場面や状況に応じてアレンジしていったもの、それが教えなのだという意味に解していきます。教えというものはもともとは天に由来するけれども、さまざまな違いがあるのは、その場面あるいはその状況によってアレンジされたもので、だから違いがでてくるのだと述べているのです。

この解釈は、江戸時代の日本でも受容されていきます。荻生徂徠という儒者は、いわゆる古文辞学派の人で、さきほど江戸時代に異学の禁が行われたとありましたが、そのときの批判の対象のひとつがこの古文辞学派でした。荻生徂徠は朱子学に対してかなり批判的な人なのですけども、この荻生徂徠の中庸の注においても、実はほぼ朱熹と同じ解釈がとられています。大意を読みあげますと「先王の道は広大、精微であり、すべてが備わっているものだが、それを人に教えるにあたっては節度を立て、方法を設けて、学ぶ者に適したものにする。つまり治めて人が用いることができるようする。だからここで修道と言っているのだ」、とこのような解釈をしています。[17] つまり、教えをあたえる方が普遍的な道をアレンジし、適合させていくこと、それが修道であるという解釈をとっています。

荻生徂徠

ところがですね、先ほどの落合先生の報告にもありましたが、これとは異なる解釈の系統もあります。その代表が王守仁、ペンネームの陽明のほうがよく知られていて王陽明という人です。「陽明学」の大成者として有名ですが、朱熹よりも約二五〇年後に生まれたひとです。この王守仁の解釈では、『中庸』の冒頭の三句のうち第二句と第三句について次のように言っています。第二句の方、「性に率うをこれ道と謂う」というのは聖人のことをいっていて、聖人の場合は、自分の本心に従えばそれがすなわち行うべき道になる、正しい道になるんだと。それに対して第三句のほうは、聖人以外のわれわれ一般人について言っているんだと。われわれの場合は、自覚的に道を修めることによって初めて教えに合致するんだと、こういうふうに解釈しています。[18] つまり第二句と第三句では、行為主体が異なるのだと捉えている。王守仁の解釈では、「道を修める」とは学ぶ者が道を獲得・習得する、そういうことを意味しているのだということです。

陽明学は日本でも江戸時代に一部の人びとのあいだで流行りました。たとえば幕末の儒者で陽明学に傾倒していた佐藤一齋という人が『中庸欄外書』という本を書いていますが、そこでは王守仁の解釈を採用しています。[19] 道を修めるというのは、学ぶ者が道を獲得していく、そういうプロセスなのだ、それが教えになるのだというのです。しかし、学ぶ者の行為が教えであるとストレートにいうと、ちょっと合わないことになりますよね。だから王守仁の場合、道を修めてはじめて教えに「合致する」というふうに、やや強引な解釈になってしまう。あるいは、佐藤一齋の場合は「教え」と「学び」は要するに知識を授受するという意味では一緒だと。方向が違うだけで教えも学びも同じなんだ、だからここの「教え」は学ぶことだと考えてもいいんだという、かなり強引な解釈をしています。

王守仁のこういう解釈が行われたのはどうしてかということについて、一つ考えられるのは、実は〈修道〉という語は、カトリックの教育機関である修道院のことを、中国でも古くから神学院、または修道院と訳していたことからも知られるように、〈修道〉という言葉は儒学のコンテクスト以外でも使われていたのです。一つは道教において、道教というのは中国の民間の宗教で、基本的には不老不死の体を獲得するということを目的にして、山にこもったりして修業するというパターンが多いのですが、その道教の修業をして不老不死の身体を獲得することを〈修道〉というふうにいっている例があります。例えば「道を修めて仙を求める（修道求仙）」とか、あるいは「山に入りて道を修むる（入山修道）」など道教の修業をするという意味で〈修道〉という言葉を使っているのです。あるいはまた、仏教では菩提、悟りのことを中国では当初、「道」と訳していまして、あるいはニルヴァーナ、涅槃にも「道」という訳語をあてたりしていました。そこで仏教経典では、悟りを得るために修業することを〈修道〉と表現している例があります。王守仁は若いころ道教の修業にチャレンジしてみたけれど結局不老不死になれず、さらに禅の修行にも熱心に取り組んだ経験をもっていて、同時代の儒者からは陽明学というのは禅だというふうに批判されたりした人です。おそらく王守仁は〈修道〉という言葉に道教的または仏教的な意味を引き寄せつつ、『中庸』の冒頭の句を解釈したのだと考えられます。

〈修道〉の可能性

以上で簡単ではありますが、〈修道〉の解釈史というものをざっと眺めて参りました。最後にこういった〈修道〉解釈史にもとづいて、われわれが現在、本学の名前に〈修道〉という語を冠しているということから、どのような示唆を受け取ることができるか、ということについて三点お話したいと思います。まずわれわれは、学生に親孝行を教えるわけでもなければ、不老不死の体の獲得を指導するわけでもないし、宗教的悟りを目的としているのでもありません。だから、〈修道〉というときの「道」の内容自体はもはやもともとの意味で継承するわけにはいかない。ただし、コンテンツは継承できないけれども、〈修道〉という語の示しているマナーともいうべきものは受け継ぐことはできるのではないでしょうか。普遍的規範に由来するものとしての「道」を、教える者が適切にアレンジしていく、そういうマナーといいますか身振りは、われわれも継承しうるだろうということが一つ。

それから先ほども「実学」という話がでましたが、実は「実学」という語が最初に使われたのは、この『中庸』についてなのです。一二世紀に北宋の儒者によって「『中庸』は実学である」という主張がうまれ、それを受けて朱熹も『中庸』が実学であることを強調しています。そのさい朱熹が「実学」という語にどのような意味を持たせていたのかということについては、かれが批判した学問を見れば分かります。当時流行していた次のような風潮をかれは強く批判しているのです。すなわち、「記誦詞章の習い」、これは文章や詩を作るさいに、文辞を飾ることばかりを専らとして内容を疎かにする人々のことです。つぎに「虚無寂滅の教え」、これは道家思想と仏教思想のことをさしています。これらの教えを学ぶ人は山にこもったり出家したりして、人びとの日常生活との関わりを求めないという共通点があります。最後に「権謀術数」、すなわち学問を自己の私的な目的のために利用する風潮。これらの学問・風潮とは異なるものという意味をこめて、朱熹は『中庸』を「実学」だと言っているのです。これを現代のわれわれの言葉で表すと、公共空間における秩序形成に参入する者を育成するという志向をもつ学問ということができるのではないでしょうか。「実学」をこのような概念だと考えると、現在において「実学」とはかけ離れた風潮が浮かび上がってきます。例えば大学卒業生の多くが産業界に入るのだから、英語とパソコンさえ出来るようにすればいいとか、就職に有利なように資格をたくさん取らせればいいとか、あるいは逆に、教養教育の見直しという名のもとに、漠然と人格完成のための教育などという人もいます。これらはさきの意味での「実学」ではありません。これらの主張・風潮に対抗しつつ、われわれの教育理念を再構築していくにあたり、「実学」という概念がひとつの手がかりになるのではないでしょうか。

最後に、先ほども言いましたように「道を修める」ことが教育をする側の責務であるという解釈がある一方で、これを学習者の態度や行為を表したものだと解する立場もありました。これを〈修道〉という概念の曖昧さであると捉えるのではなくて、むしろこれを積極的に肯定していくことができると思います。つまり、〈修道〉というのは、教育する側の理念でもあるとともに、それがまた教える側にとっても目指すべきものであるということができます。明治期に日本で大学がつくられた時に、ドイツのフンボルトモデルというのが非常に影響を与えておりまして、そこではゼミナール教育というものが強調されていました。たんに教師が教え、学生が学ぶ、というのではなくて、教師と学生が少人数でともに研究を通じて学ぶ、そういう意味で同じ方向を向いていく、これがゼミナール教育の目的でした。これは奇しくも〈修道〉という語の持つ二面性と重なる事柄ではないでしょうか。学ぶ側と教える側、ともに〈修道〉の主体になり得るということからも、われわれが大学教育を見直すうえで、〈修道〉という言葉が一つのヒントになるのではないかと思います。時間が過ぎましたけれど、これで終わらせていただきます。ご清聴どうもありがとうございました。

〈修道〉を哲学する

松田克進

人間環境学部の松田と申します。二〇分ばかりお付き合い下さい。

「〈修道〉を哲学する」というものすごいテーマを学長室長の相馬先生から振り当てられまして冷や汗をかいております。どうしましょうかということなんですが、まずは、何度もこれまで出てきている『中庸』第一章冒頭を確認いたします。

「天の命これを性といい、性に率うこれを道といい、道を修めるこれを教えという」。先程の藤井先生の読み下し方とは違いますが、さて、これがどういうふう英訳されているかといいますと、何種類かあるんですけども、最も古いのはこれではないかと思います。

ジェームズ・レッグという一九世紀のスコットランド生まれの宣教師ですけども、この人の訳です。[20]

"The Doctrine of the mean"—中庸の教説ということです。

"What Heaven has conferred is called the Nature ; an accordance with this nature is called the Path of duty ; the regulation of this path is called Instruction."

先程話があった王陽明の解釈ではこういう訳にはならないと思いますが、古注・新注に沿うならばこういう訳でいいんだと思います。最大公約数的な訳になっているのではないかという気がします。

〈修道〉の哲学的な翻訳

私が試みたいことは、ある種の翻訳をすること。『中庸』における「修道」の意味を哲学的に料理してみること。それを哲学の概念を使って言い換えてみて、中身を確認したいということです。では、何を使うか。今日はアリストテレスという古代ギリシアの哲学者の概念を使いたい。それを使って、『中庸』冒頭のいくつかのキーワード、キータームの構造を別の構造に対応させてみたいということです。「修道」という年季の入った記号、二千年以上の歴史のある記号に、アリストテレス的なストーリーを吹き入れる実験、アリストテレス的に翻訳する実験を少々試みたいということです。

アリストテレスの哲学

時代的なことを確認します。『中庸』は、藤井先生のお話にあったように本当かどうか分かりませんが、一説によりますと孔子の孫の子思が書いたと言われています。子思は時代的には、紀元前四八三年から四〇二年まで生きたという説があります。これは、ソクラテストとほぼ同時代人であるということです。その弟子がプラトン、その弟子がアリストテレス。アリストテレスは子思よりも一世紀後の時代

アテネの聖堂

の人ということになります。皆さんのイメージを喚起するために、有名な絵を持ってきました。ルネッサンスのラファエロの「アテネの聖堂」ですね。ルネッサンスというのは、ご存じのように人文復興と訳されますけども、ギリシア文化の復興再生ということが中心でした。ここにはギリシアの哲学者・科学者・芸術家が一同に集められています。その一番目立つ真ん中にいるのがプラトンとアリストテレスです。その部分を大きくしてみます。この絵はご覧になったことがあると思うんですが、左がプラトン、右がアリストテレスです。プラトンは指を上に向け、アリストテレスは手の平を下に向けています。これは非常に象徴的な描き方です。うまく描いているなと思います。二人は師弟なんですが、考え方、世界のとらえ方が全く違う。プラトンは本当の存在――英語ではBeingですが――それは永遠不滅のものであると考えていたわけです。ですが、この世界の中を探しても永遠不滅なものなんてないわけで、あらゆるものは生成変化するわけです。ということはこの世界はリアルではない、とプラトンは考えました。この世界は言わば鏡の像なのでして、そこに本体はないわけです。本体の方は、この指の指している、この世界を超越したイデア・形相・エイドスとしてある、という考え方をします。

可能性から現実性へ

アリストテレスは、この世界がリアルだということを何とか説明したい。生成変化を自分の哲学の言葉で捉えたい、説明したい。そしてこの世界はリアルであるということを言いたいわけです。ここでアリストテレスの別の肖像画[21]をまったく余談的にお見せするんですが、このような冴えないおじさんだったかも知れません。私としては、こういうアリストテレスのほうに親しみを感じます。ともかく、私は古代ギリシアの専門家でもアリストテレスの専門家でもないので、今冷や汗をかいております。ここにおいでのマルクス先生は、アリストテレスのことを私よりもはるかによくご存じだと思います。しかし非専門家の大胆さでもって私なりにアリストテ

アイエツ作・アリストテレス

レスの世界の捉え方を一言で言ってしまいますと、彼は、〈世界の中の動き・変化・生成というものは、ポテンシャルなものがアクチュアルなものに移り行くことである〉、そういうふうに考えました。潜在性が現実性と移行して行くということですね。彼は基本的にこの考え方・概念枠を様々なところに適応しようとするわけです。[22]

ただし、無理もあります。すべてを説明しようと思っても無理があるわけで、これは有名な例ですけれども、物が落ちること、手を離せば物が落ちること、つまり自由落下ですが、これについて彼がどう考えたか――。まず他のギリシアの哲学者と同様に彼は元素は四つあるというふうに考えたんですね。水の元素、火の元素、風（空気）の元素、そして土の元素。そして、主に土でできているというのがこういう普通の固体です。こういう物には地球の中心に向かうポテンシャリティー（潜在性）があり、それが現実化する過程こそが自由落下である、と考えた。この考え方はですね、一七世紀にデカルトやらガリレオやらによってコテンパンに叩かれるわけです。空中に放り投げ

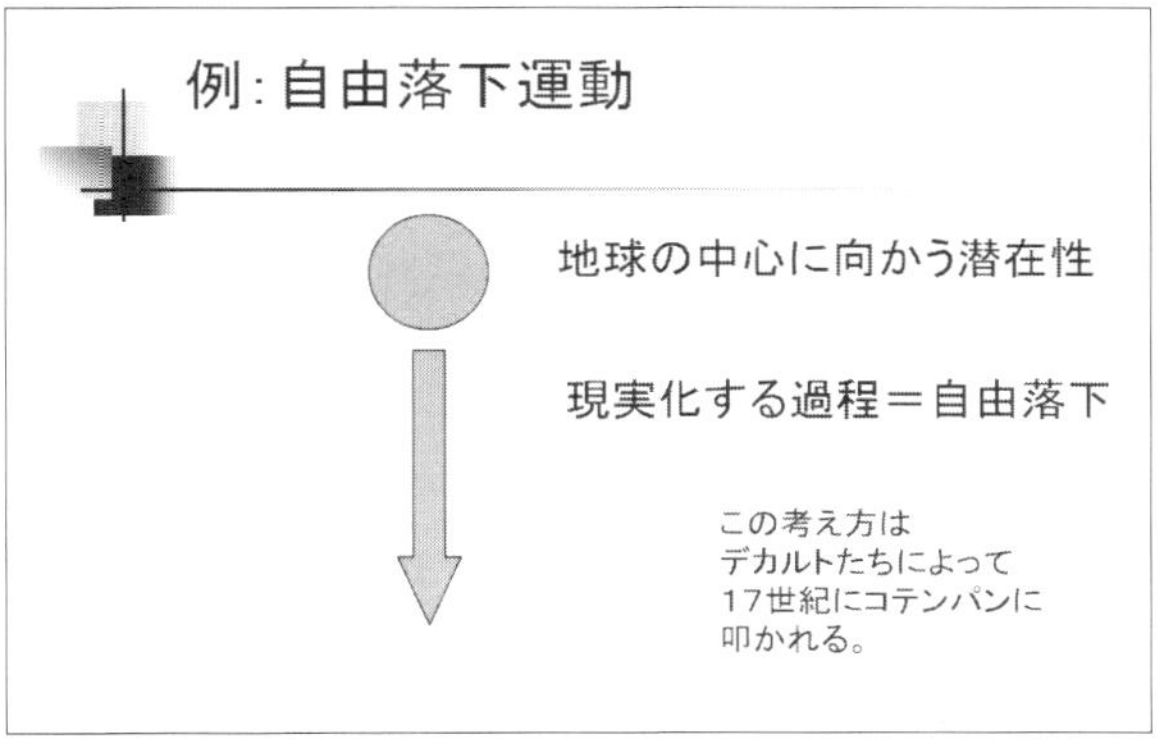
例: 自由落下運動
地球の中心に向かう潜在性
現実化する過程＝自由落下
この考え方は
デカルトたちによって
17世紀にコテンパンに
叩かれる。

た物体はどう説明するのか、潜在性とか現実性というのは定性的な言葉であり、それを量化すること、数学的な表現のほうに持って行くことはできない、ということでコテンパンに叩かれるわけですね。実は私の元々の専門、ホームグラウンドは一七世紀のあたりにありまして、これまであまりアリストテレスと真剣に向き合ってこなかったと言いますか、大切にしてこなかった点がありまして、今日はアリストテレスの墓前に手を合わせるようなつもりでお話ししております。

　他方、彼の概念枠が今でも違和感なく通用するところがあります。例えば――これはアリストテレス自身が使っている例ですが――ドングリですね。ドングリは〈樫の木へと育つ〉というポテンシャリティーを持っているわけで、水があり、太陽があり、光があり、土があれば樫の木へと成長する。これは〈樫の木になる〉というポテンシャリティーが現実性へと移行するということで説明される。

　さらに別の例ですが、学習の場合もこの図式がよくあてはまる。例えば、誰だって、運動音痴の

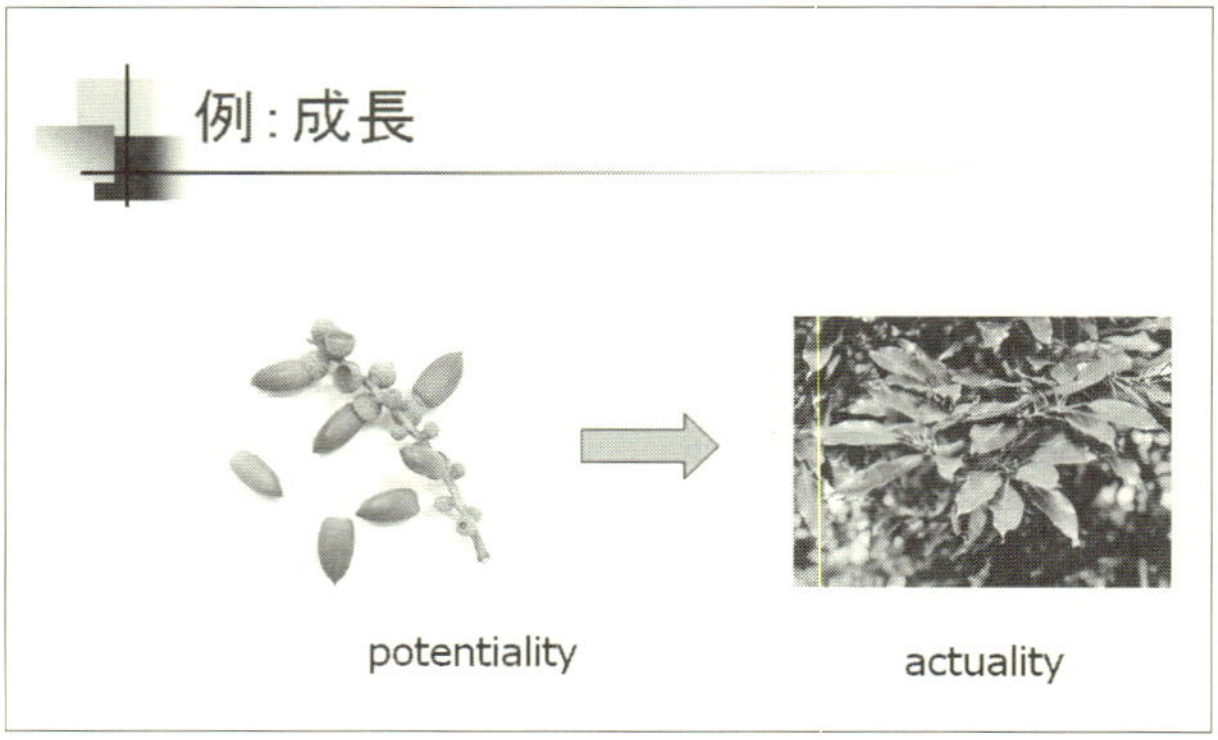

私にだって、テニスをやる能力、ポテンシャリティー――ここではデュナミスというギリシア語がでていますが――を持っているわけです。練習したり適切な指導を受けたりしますと――これをキーネーシス過程というわけですが――この過程を経て、それが能力として身につくわけですね。これが現実性です。ポテンシャリティーが現実性へと移行するということですね。この場合は、先程の〈ドングリから樫の木へ〉の例と同じようにうまく当てはまる。そして、アリストテレスが非常

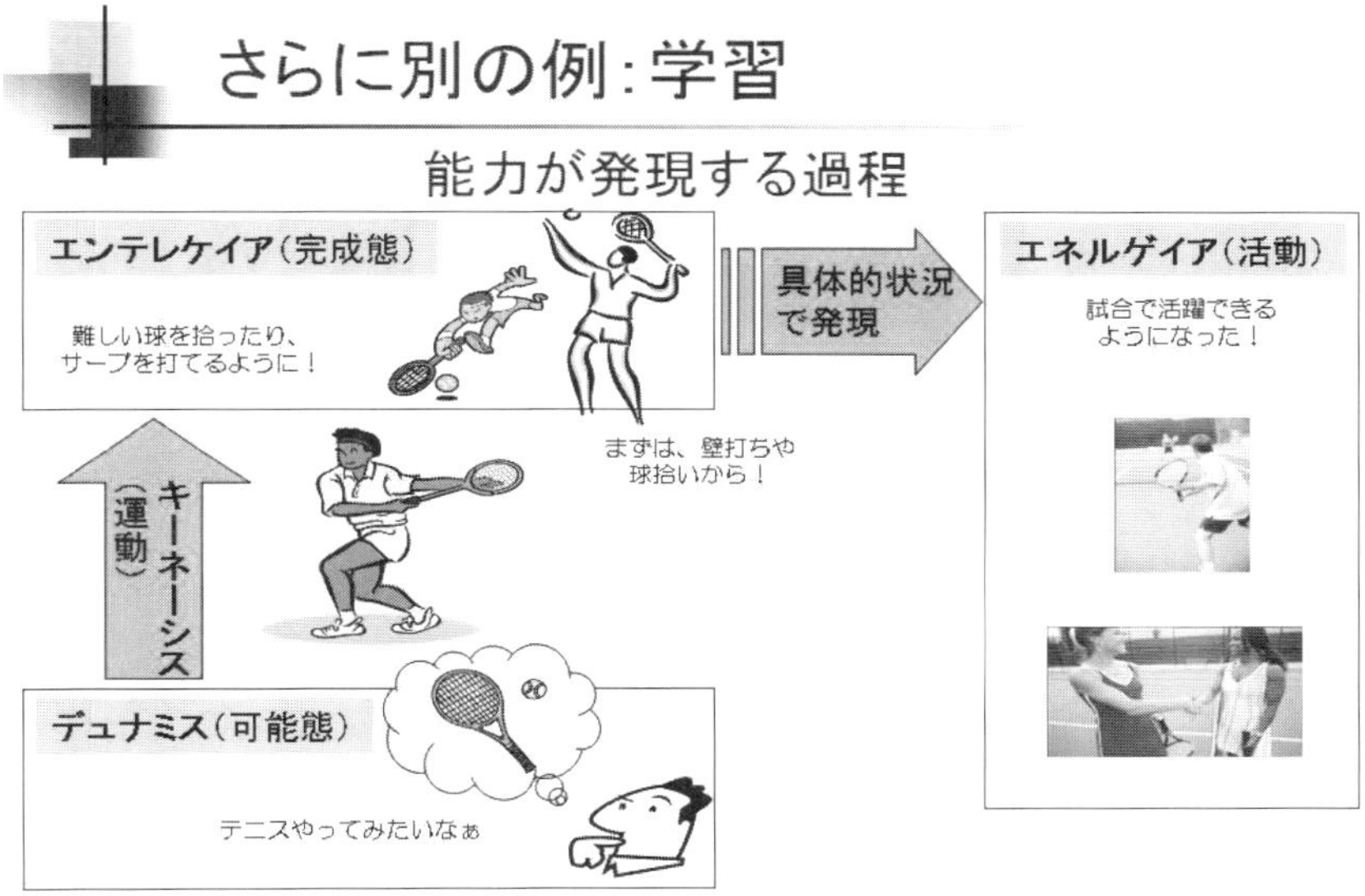

に面白いのは、身についた能力もある意味で潜在的だ、ということを指摘しているところです。つまりこの地球上に二四時間テニスをし続けている人はいないわけです。テニスの能力を持っても、常にやっているわけではなく、たいてい刀は鞘に収まっているわけです。潜在的なわけです。それがある状況下において、ラケットがありボールがあり一緒にテニスをプレイする相手がいるときには、エネルゲイアとして現実的なものとなる。こちらのほうはエネルゲイアというんですけれども、パターンは一緒なんですね、潜在的なものが現実化するということについて、こういう二段階を考えているわけです。

デュナミス、キーネーシス、エンテレケイア、エネルゲイア

同じことを繰り返しますと、例えばテニスをする可能性（ポテンシャリティー、潜在性）がまずあり、それが練習や指導のもとで能力として身につく。そしてその能力が具体的状況において発揮・発動される。

別の例を用いれば、スペイン語を話すポテンシャリティーがまずあって、それが、自分で勉強したりしっかり先生に教えてもらえばスペイン語の能力になる。けれども四六時中スペイン語をしゃべっているわけではなく、状況に応じてスペイン語で翻訳したり通訳をする。これはエネルゲイアである。日本で生まれて日本語を母語としていても、必ずしも日本語でしっかりとレポートを書けるわけではないですし、本をしっかり読めるわけでもない。そういう学生も多いわけですが、そういう学生に、適切な指導をすることによってキーネーシス過程を経て、日本語運用能力が身につく。その能力が、社会に出て報告書を書いてくれと言われた時に、実際にエネルゲイアとして発揮・発動するということです。

今言ったことを纏めますとこうなります。まずデュナミスがある。ポテンシャリティーですね。それがキーネーシス過程を経て、エンテレケイアとして、能力として身につく。これが具体的状況において発揮・発動することが、エネルゲイアという概念で表わされる行為なんですね。教育というものは——もちろん「親は居なくても子は育つ」「教師が居なくても子は育つ」という側面はあると思いますけれども——このキーネーシス過程が上手く進むように整えてあげること、支援することである。そういうふうに見ることが出来ると思います。その場合、例えば一つの工夫の仕方として、一直線に伸ばすのではなくて、スペイン語だったらスペイン語のデュナミスを初級のあたりまで上げていく、そして実践をさせることによって達成感とかモチベーションを高め、さらに次の段階のキーネーシス過程を経て、より上の中級・上級の能力まで持っていくという工夫があろうかと思います。このスライドは同じことをいっているわけですが、これが最初のポテンシャリティーです。これをぐいっと上に上げて初級の能力。そして、実践させる。実践の場を与える。畳のうえで泳ぎの練習ばかりしてても面白くありませんので、素振りばかりでも面白くありませんので、練習試合をさせてみるわけです。そして、さらに次のキーネーシス過程を経て、より上のレベルへと持って行く。そういう段階的なキーネーシス支援というのも考えられると思います。

広島の学びの道を整える大学

さて、何の話をしているのかといいますと、アリストテレスの諸概念を『中庸』の冒頭の概念構造に対応させてみたいということなんです。まず、ポテンシャリティー。これが天の命である性に対応するでしょう。この性が伸びていくこと、それがアクチュアリティーへの過程でしょう。これは英語で言えばpathです。ギリシア語でいえばキーネーシスにあたる。このpathないしキーネーシスを修める・整えるということがregulationにあたるでしょう。そして、この道を修めることが教えである。このように対応づけられると思います。ここに修道という言葉が入っているわけですね。ですから、広島修道大学という記号を解釈するとなりますと、「広島にある、pathつまりキーネーシス過程をregulateする大学」ということになります。もっと長ったらしく言いますと、“The University Attaching Importance to the Regulation of Path in Hiroshima”。「広島にあるキーネーシス過程つまりpathをregulateすることに対して重点をおく・重視する大学」ということだと思います。

「すべてを学びのもとに」というスローガンが使われることがあるんですが、そのためのポイントというのは、学生がキャンパスを歩いているのを見たら、デュナミスが服を着て歩いているぞ、というふうに見えるかということですね。学生を〈磨けば光る原石〉と見なすことだと思います。そしてそのキーネーシス、

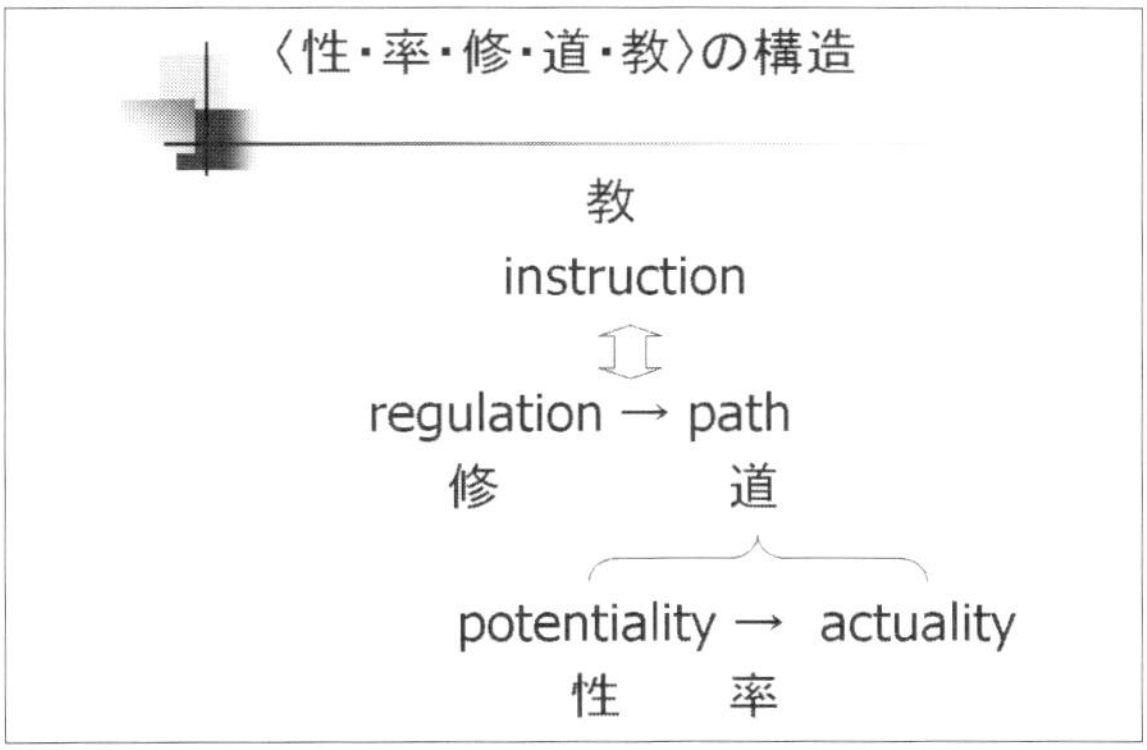

道、pathのゴールとしてのエンテレケイア、アクチュアリティー、言い換えれば学士力をしっかり見定めること、展望することであろうと思います。修道とは、アリストテレス的にはキーネーシス過程の支援を意味するのではないかと私は考えます。対応させることができると思います。これはどういうことかというと、修道という記号は、全然お荷物なんかじゃないということです。現在七七八校ほど四年制大学があるそうです。その中で各大学がそれぞれの個性・ミッションというのをはっきりと打ち出していかなければならない時代状況だと思います。その中でキーネーシス過程を支援することを重視するということを打ち出している校名は、たいへん貴重な資源（リソース）ではないかと思います。私の発表は以上です。ご静聴ありがとうございました。

パネルディスカッション

相馬

三人のパネリストの報告が終わりました。一時間ほど経ちましてフロアの皆様もお疲れかと思いますが、もうしばらくお付き合いの方をよろしくお願いいたします。それでは、それぞれのパネリストから他の二人に対して、発表を受けての問題提起なり、質問なりというのを最初していただいて、その後順番にその質問ないし問題提起に対するレスポンスをしてもらいたいと思います。それでは発表順でいきたいと思いますので、落合先生からよろしくお願いいたします。

落合

質問ということで、それが一番難しくてですね、昨日悩んでしまいました。

藤井先生に関しましては、「修道」という言葉。今回の事前学習会の中で勉強させていただいたことなんですが、「道を修める」という解釈に関して、これまで私なんか「道を修める」というと、「道を習得する」「その道を習熟する」ことが修道の意味と思っていました。すると、実はそうではなくて「道を整える」ことなんだという説明だったと思います。王陽明は「道を習得」という理解をするのですが、それは必ずしも受け入れられなかった。このような話について、もう少し具体的に、そして「道を整える」という意味はどういうことなのか、そしてそれが合理的な理解であるということについて、もう少し詳しくご説明いただければと思います。

松田先生のお話について、話はわかるのだけれども、最後の部分、「学生を磨けば光る原石とみなす」

と、これ自体は別にこんなことを勉強しなくても理解することはできると思うのですが、今回のシンポジウムの中で、磨けば光る原石とみなした時に、どのようなことを教育として施すことが大事なのか、あるいはどうやっていく必要があるのか、我々としてどのように取り組む必要があるのか、ということについてお話をしていただければと思います。

藤井　私からはお二人に共通する質問をさせていただきます。落合先生の話では、広島と「修道」との関係について詳しくお話しいただきましたが、最後の部分で「実学」という概念に言及されて、「実学」というのは単なる技芸、スキルではないんだという話がありました。そして松田先生のお話の中では、キーネーシス過程としての教育ということが語られて、挙げられた例がたまたまそうだったのかも知れませんが、スキルを身につけさせる、訓練することこそ大学で行う教育なんだと言っておられたように感じられました。そこで、お二人のスキル教育に対する捉え方といいますか、スキルを身につけさせる教育の大学教育における位置づけについてどのように考えていらっしゃるのか、ということをお尋ねしたいと思います。

松田　私から落合先生に対しての質問ですが、大学の設立の趣意書に、広島の中堅人物を育てるということがあったというお話でした。この「中堅」というのが非常に重要じゃないかと思うんです。今まさに大学は、社会を支える中堅人物を育てる力を持たなければならないと私は思うのですが、当時の中堅人物のイメージとはどういうものだったのか、その点が気になりました。それを教えていただきたい。

次は、藤井先生に対してですけれども、ちらっと『中庸』が思弁性の強いテキストだということを仰ったので、私が今日アリストテレスに引きつけて解釈したのもあながち強引なことなのでもなかったのかな、とちょっとほっとしました。それは単なるコメントです。質問としましては、新注の方では修めるというのが品節することとして説明されているというお話がありました。そして、その品節というのは、気品に応じて調節するということでした。この気品というのはですね、もう少し具体的にはどういうものなのかということをお聞きしたいと思います。以上です。

相馬　それではご準備はよろしいでしょうか。それでは落合先生の方からお願いします。

落合　質問がすごく難しいのですが、頑張っていきます。実学の理解、あるいは技能やスキルというものに対する理解ですが、私自身はこの場合のスキルというのは技能というようなものとして理解しております。江戸時代の学問について、武芸と学問との違いについて、学問のあり方について、学問自体においても読書ですとか講釈、こういったものに関してスキルは必要なんだと、そういったものは必要なんだということで、ある面では読書力とか講釈とか、そういったものに関してのスキルというものが、まず前提としてあって、ただそれだけではなくて更なる高みをみていく必要があるのだと。

高みとはどういうものかと申しますと、国家の実用とか経世済民という言葉が出てきましたが、今で言えば平和ですとか国家、あるいは倫理ですとか、実際の答え、本当にこうしなければいけないという解答は、実はないかもしれないんだけれども、自分で判断する能力。そのようなものまでも身につけるためには、まずは技能は前提にあって、さらなるものが学問としてある。それが実際に役立つというところでの実学なのかなというふうに考えております。

それから松田先生からの質問。中堅人物に関してです。広島商科大学、あるいは修道短期大学が開学する広島の社会的な状況としましては、当時広島には広島大学がありました。広島大学はご存じのように、師範大学ということで、教員の養成大学なわけです。戦後の原爆の焼け野原になった中での広島経済を復興させていかなければいけない。こういった中でやはり商科という、あるいは商業といったものに対して力をつけていきたいというのがあったのではないかということです。その中で、中堅人物というのはある面ではエリートではない、人材の裾野を広げてですね、経済界の人たちを支えていくような人材、こういった人材を育成することが大事なのだと。それで実際中堅の人材が育ってきたわけですが、その中で、今は五〇年経ち、広島の経済界を担っていくような人たちも多く輩出することができたと私は理解しています。

藤井　落合先生からは、〈修道〉の、特に王守仁の解釈についてもう少し詳しく説明せよということでした。先ほどは時間の関係ですごく早口になってしまって、分かりづらかったかも知れませんので、すこし補充します。もともとの〈修道〉という語の出所であるところの『中庸』の冒頭は、先ほど申しましたように「天の命ずる」から始まって、一連の概念連鎖を形成することで、「教え」を天に基礎づけるという構成になっています。そうすると、天は普遍的なのに、「教え」や行動規範が場面によって異なるのはどうしてなのかという疑問が生じます。例えば、刑罰の例でいいますと、他人に傷害を与えた場合、もし相手が親であれば罪が加重され、逆に親が子に傷害を与えたのなら多くの場合無罪放免になるというように、同じ行為なのに、状況によってあるべき対応つまり刑罰が異なるのはなぜか。これに対して、儒家の答えは、親に対する「孝」は根本原則として普遍的であって、その原則を人間関係あるいは状況に適用することで刑罰という対応が異なっていくのだというものです。同様に、教育の現場においても、人の「性」は普遍的だけど、各人の行動規範すなわち道は状況や段階によって調節つまりアレンジする。それが「道を修める」ことなんだという解釈が、中庸の解釈として自然だと思うのですが、王守仁はこの解釈を採らず、「道」は普遍的なものなのでアレンジする必要などない、というのです。だから解釈の方向性が根本的に変更されることになるのです。

これは王守仁が道教等の宗教的な影響を受けたことによるのではないかと先ほど申しましたが、実はもう一つ考えられる要因があって、それは教えを学ぶことの大衆化、つまり教育の大衆化というものが、王守仁の時代に非常に進んでいたということに関係します。かれのもとにはいろいろな人、たとえば非識字者や目の不自由な人なども学びに来る。王守仁はそういう人たちにも懇切に教えるのです。こうして教えがどんどん広がっていく。そうすると今度は学んだ者が新たに次の人に教えていかなければならない。もともとは天に由来する礼や規範を学んだ者が、今度はそれを次の世代の人々に教える立場に立つ。王守仁が〈修道〉を学ぶ側の行為として解釈したのは、いわば学ぶ側がいずれは教える側――これは必ずしも教育者になるとは限りません――になるという現実を踏まえていたのではないか。学ぶ者は普遍的な原則を修得し、そしてそれを状況に応じてアレンジして適用し、さらに次の世代の人に教えるさいには、相手に応じて工夫する、そういう能力を身につけるという意味で〈修道〉を学ぶ側＝教える側の行為と捉えていると考えられるのではないでしょうか。

それから、今のことと関連するのですが、松田先生からは朱熹の注において、「修めるとは品節することだ」ということについてお尋ねがありました。品節というのは、品に応じて節するということです。中国語で名詞と動詞を重ねると最初の名詞はたいがい副詞的に使われます。たとえば北上するというのは北に向かって行くということです。こういうように、最初の名詞は大体副詞的に使われます。ここでは、品に応じてアレンジするという意味だと思います。「品」というのは中国の「九品官人法」をご存じの方もいらっしゃるかも知れませんが、官職の位を一品から九品まで分けるというふうに、大体クラス分けの基準として「品」という字が使われます。極楽往生についても九品というのがあります。安芸毛利氏の家紋は横棒にまる三つという図案ですが、あれは一品のことを表したものだそうです。安芸毛利さんの先祖が、日本の一品という職位の皇子であったことから家紋が作られているのです。この品というのは、いわばレベルを表すわけです。そこから品評会の品、評価するという形になって、ここで品節するというのは、レベルに応じてアレンジするということなのです。レベルといっても必ずしも学ぶ人の先天的なレベルに応じて、といった意味ではなくて、いわば場面に応じて、シチュエーションに応じて、あるいは段階に応じてといいますか、そういう意味でおそらく朱熹は拡大的に解釈したのではないかと思います。こういう考え方はわれわれも十分参考にしうるのではないかと思っています。

松田　まず藤井先生のご質問にお答えします。キーネーシス過程を私は強調しました。藤井先生のご質問は、それはスキル中心主義じゃないか、スキル教育の位置づけはそれでいいのか、というふうな意味だったと思います。私は、スキル中心主義とまでは言いません。けれども、スキルが無いと活動ができないわけですね。エンテレケイアが大前提となってエネルゲイアがはじめて可能になりますので、そういう意味ではスキルは重要だと思います。ただ、スキルのためのスキルではないわけで、エンテレケイアのためのエンテレケイアではない。エネルゲイアが具体的な場面で実際に発揮・発動することが最終目的ですので、スキル中心主義というわけではないと思います。

それから落合先生のご質問です。磨くとはどういうことか、磨けば光る原石をどのように磨くのか。まさしくそこがいちばん難しい問題なんですが、カリキュラムがもちろん中心になりますが、カリキュラムと同じくらい重要なのは、ヒドゥン・カリキュラム（隠れたカリキュラム）、すなわち、日々の学生との接し方、窓口対応も含めた、課外学習も含めたすべてがキーネーシス支援にとって重要でしょう。原石を磨く場面は、キャンパスにおいて——キャンパス以外においてもそうですけど——学生と接するすべての場面でしょう。「すべてを学びのもとに(Omnia ad Studium)」の「すべて」というのはおそらくそういうことを意味しているんだと思います。

相馬　ありがとうございました。いくつかの論点がでたので、ちょっと確認をさせていただきまして、そのあとコメンテーターの先生からご発言を頂戴したいと思います。

まず、この〈修道〉という言葉ですが、いったい誰が修道するのかという問題がありました。藤井先生のご発表の中に古注新注の説明がありましたが、一般的に私たちは自分が道を修めるというふうに考えるんだけれども、それよりもむしろ教える側が道を整えていくんだという意味があったということが基本としてある。しかしながら、その道を通って育った者は、また道を整えて次の世代に渡していくという、そういう連続性があるんじゃないか。つまり修道という概念は、広がりをもって捉えられるんじゃないかということが、一つ押えられたんじゃないかと思います。

次に、実学という言葉です。これが現代使われているような意味での実学とは異なっていて、そういう伝統が藩学以来続いてきたということが確認できたと思います。この実学は、イコールスキルなのか、スキル教育なのかというあたりですが、今、興味深いやりとりがあったと思います。スキルというのは何をするにも前提になるんですけれども、私の専門である教育学の言葉を使っていうと、「課外場面」で実際にスキルが発揮できるかどうか、ここが問われてくるということが確認されたと思います。

そしてもう一つは、修道というのは、聖人にして初めて為し得ることであると考えられていたということが指摘されました。今日はマルクス先生をお招きしていますが、たとえば聖書には、「多くの者が教師になってはならぬ」という言葉があり、またアウグスティヌスの教師論にも「真の教師は神のみである」という趣旨があるわけです。しかしながら、いま教育がこれだけ大衆化してそして高度化していく時代にあっては、教育の道を整えるという意味での修道が、大規模に、多角的に行われていく必要があるわけです。その点、広島藩の藩学においても庶民教育の伝統があり、修道短期大学、広島修道大学の歴史も、高度な教育の道を地域社会に整える歩みであった、こういったことが確認できたポイントではないかと思います。

非常に粗いまとめになって申し訳ないんですけれども、それでは、コメンテーターの先生からご発言を頂戴したいと思います。

コメンテーターから

ハンス　ユーゲン・マルクス

本日は、広島修道大学五〇周年記念シンポジウムにコメンテーターとしてお招きいただきまして、大変光栄に存じます。実は、私が所属する南山学園の設置母体は、カトリックの修道会で、私自身もまさに修道院に住んでおります。同じく道を修める、また道を整える者として、三人の講師のお話を大変興味深く聞かせていただきました。本当にありがとうございました。

まずは、五〇周年おめでとうございます。四年制大学としては五〇年の歩みですが、先程の落合先生の話にもありましたように、その歴史は一七二五年に創立された広島浅野藩の講学所から始まっており、つまり二八五年という長い長い道を歩んできた学園でございます。様々な危機を経て短期大学から商科大学、そして修道大学にずっと歩んでこられた、大変尊い伝統のある大学です。

チャンスとしての危機

ところで、現在、大学を取り巻く環境は厳しく、その状況は尊い伝統のある修道大学も例外ではないでしょう。しかし、修道大学の根本姿勢から学べることは、いかに危機を乗り越えていくかということです。危機という漢字を思い浮かべていただければ二つの「き」から成っていますね。一つは危険の「き」、もう一つは好機の「き」。つまり危うい状態ではありますが、と同時に、初心に立ち返って新しい状況に応えるため、新しい取り組みを決断する、ということです。そして、危機を乗り越えるためには、昔は良かったという後ろ向きの発想ではなくて、今どうしたらよいだろうという前向きの姿勢が修道学園の歴史に刻まれてきたということが、特に落合先生の報告からわかってきました。

危機には前向きに取り組んで欲しいということ、これがまず私が申し上げたいことです。危機といっても、日本の大学だけではなく、世界全体の大学が危機にさらされております。欧州では、高等教育の質の保証への取り組みとして、ボローニャプロセスが始まってから十数年になりますが、日本でも外部評価を義務づける法律がスタートしました。グローバル競争に生き残る、またはいまの産業社会から新しい知識社会へと突進していくためには、高等教育のレベルを、水準を、質を上げなければならない、という認識から外部評価が義務づけられたと思います。かつての設置に関する事前審査は廃止されてはいませんが、いまはそれ以上に事後評価が重要になっています。

しかし、この十年間の高等教育を振り返ってみますと、文部科学省の方を前にはやや言いにくいんですけれども、一方において高等教育の質の向上が図られ、他方においては主に短期大学を救済するため、大学の設置基準が緩くなっており、多少の矛盾があったことは否めません。私立大学の五〇パーセントが定員割れをしていることからも明らかなとおり、この政策は危機を先送りしただけに思えます。二〇年前には大学の数は五〇〇ちょっと、いまは七百数十となっております。短期大学から四年制大学になった多くの大学を見ますと、似たような学部を抱えた大学が雨後の竹の子のようにあって、かつての駅弁大学以上に特徴のない、コンビニ大学ができあがってきました。

これは、大学に対する社会全体の評価にとっては、芳しくない状況でございますが、旧藩校の名前を継承する広島修道大学にとっては、新たな展開を図る絶好のチャンスではないでしょうか。危機を好機に変える、絶好のチャンスではないでしょうか。これからますます特色を全面に出していただきたい。

道を修める者のもとに学びの場はできる

松田先生や藤井先生のお話からは、修道大学が中国の古典『中庸』の冒頭に示された人間の成長や教育についての深い洞察に建学の精神を求めていることがよくわかりました。この精神を受け止め、教育研究に力を尽くして欲しいということが、私が申し上げたいことです。

さて、教育者に一番求められていることは、児童・生徒・学生の潜在力を信じることとです。松田先生がアリストテレスを引かれて話された潜在性ですが、これを信じて、そしてこれを伸ばしていくということ、つまり教育者にとって、相手を信じること、相手に期待すること、これが一番大切です。英語のeducationという言葉は、ラテン語の動詞educoをもとにできた名詞です。「duco」が導く、「e」は中から、という意味です。すなわち、児童・生徒・学生の中にある潜在性を外に導き出してこれが現実性を増していくように助ける、これが養育です。したがって、教育者には、基本的に、信頼、これが求められていると思います。

落合先生のお話しのなかで、隅田元学長が、修道、修道院という言葉については宗教的な響きがあるとおっしゃられたとありました。修道生活は、もともと、エジプトやシリアの砂漠地帯にいわば避難した人々から始まったわけです。それは、やや混沌たる状態でした。正直に申しますと、みな勝手に家庭や社会生活を捨てて砂漠に退いたわけです。これを何とかしなくちゃいけないということで、西ヨーロッパのベネディクト修道会が生まれました。修道生活は共同生活であって秩序正しいものでなければならない、そこからオルドという言葉が出てきました。修道会のことを英語でorderといいますが、これはラテン語のオルド、秩序という言葉から来ています。そして西ローマ帝国が滅びて、新たな秩序が西ヨーロッパに立ち上がるまでの数百年の間は、ほとんど修道院が唯一の国際交流と学問研究が可能であった場所でした。ですから、各修道院にはもちろん図書館があり、附属学校があり、そこで近辺の子どもたちなども学校に通って勉強したのです。

ミュンヒェンという市名は修道者という意味のギリシア語モナコスに由来し、修道院の周りに街ができ、そして大学もできた、という経緯を物語っています。パリの場合には当地の大聖堂附属学校が欧州最初の大学になったわけです。まあ、ボローニャ大学こそ最初だ、という議論もありますが、いずれにいたしましても、西洋の歴史から見ても、中国・アジアの文化から見ても、修道大学という名前は荷物ではないのであり、誇りを持ってアピールしていただきたいと思います。

広島修道大学の将来を考えますと、おそらく教育分野を無限に増やす、ということにはならないでしょう。私立大学ですから何もかもできるというわけではありません。しかし、限られた分野でも、学生たちが社会で人に役立つような人間に成長するため、その道を整える、そのように本当に誠心誠意を尽くしていくならば、質の高い、特長をいかした教育・研究のサービスを提供するならば、小規模であっても勝ち残る道があるのではないでしょうか。以上でございます。

報告とコメントをうけて

相馬伸一

マルクス先生ありがとうございました。いま先生から重要なご指摘をいくつか頂戴したと思います。一つは、いま大学を取り巻いている環境が非常に危機的である。しかしこの危機に対して前向きに取り組んでいくということをご指摘いただきました。

それからもう一点重要なのは、危機に取り組んでいく時に、自分たちの理想、特色を強く打ち出していくということ。その際に、修道という建学の精神は大きな意味を持っているんじゃないかということをご指摘いただきました。そして、教育者の姿勢として、『中庸』でいう「性」、アリストテレスでいうデュナミスを信じる、可能性を信じるということ、ここを強調していただきました。

最後に、修道院の歴史を通しておっしゃっていただいたことは、道を求める者のいるところに学びの場が生まれるということだと思います。それが中世におけるヨーロッパの大学の成立でもあったと思います。マルクス先生は、いま南山大学の附属小学校の校長先生も兼務されておられますが、毎朝校門にお立ちになって児童の登校を見守っておられるとお聞きしました。その一方で、研究室を小学校の中にお持ちになって、教会史の研究も進められておられます。この先生の重みのあるお言葉をしっかり受け止めて参りたいと思います。

それでは、シンポジウムの取りまとめに移らせていただきます。

パネリストの報告、そしてコメンテーターのご発言をとおして、建学の精神というのは、決して重荷でも何でもなく、私学としてのアイデンティティーの基盤であり、時代や社会の変化のなかで教育方針を再検討していく基盤であることが確認されたと思います。

とくに、本学が校名に掲げる〈修道〉には、修治や改善、個性を尊重するための品節という意味があり、学生に求めるべきことを校名に掲げている大学が多くある中で、教える側、大学においては教職員の側の責任を校名に掲げているという意味で、それが意図的なものではなかったとしても、大きな特質を認めることができます。

「修道力」――広島修道大学の教育力

そこで、冒頭に申し上げました「学士力検討プロジェクト」及び大学評議会での論議を経て、広島修道大学が五〇年を上回る歴史のなかで培ってきた教育力を、このたび「修道力」として位置づけ、さらにその充実を期していくことになりました。具体的には、学部・大学院のみでなく、全部局において、例えば入学センターとかキャリアセンターとか国際交流センターといった全ての部局において、教員と

職員が一体となって取り組むことによって大学全体の教育機能を強化する。つまり言い換えますと、広島修道大学を学習する組織として成長させていくということ。これを目指していこうということになりました。そのキーフレーズが「すべてを学びのもとに」、先ほど松田先生がラテン語で格好良く言ってくださった言葉であります。

学士力の三要素

そして広島修道大学の修道力が目指す課題、つまり学士力がありますが、これを策定しなければなりません。松田報告のおさらいになりますけれども、

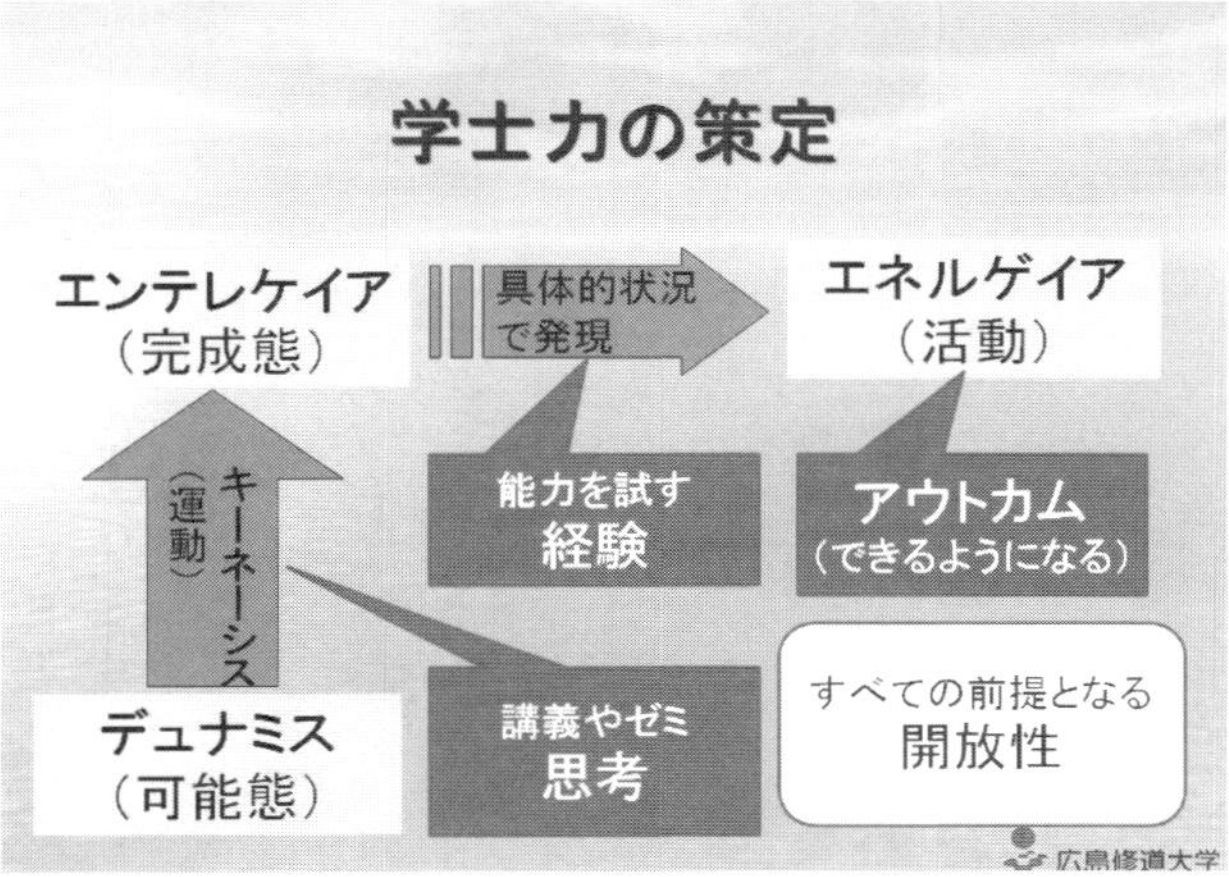

人間に内在する可能性というのは、ある運動を通して磨かれ、具体的な場面を経て現実化して参ります。現在、大学教育では、実際に何かができるようになること、アウトカムがあるということが重視されています。そこから逆算して、大学教育としていったい何が必要不可欠かということですが、第一に物事の知識や理解が深まっていく思考のプロセスが必ず必要であろうということです。しかしそれだけでは机上の空論になってしまいます。藩校以来語られてきた意味での実学、つまり生きるために活用できる知識へと磨き上げていくためには、能力を試すための経験が必要です。さらに様々な障害を乗り越えて、将来にわたって思考や経験を広げたり深めたりしていくためには、新しい知識や経験に対する開放性が必要になってきます。要するに、選り好みしたり、広島弁では〝たいぎい〟といいますが、だるいだるいと言って取り組まないということではいけないということです。こうした三つの課題が明らかになって参りました。

それに基づきまして、本学の学士力として以下の三点が策定されました。一つが「確かな思考」そして「広がる経験」、そしてその前提となる「開かれた心」、この三点を学士力として集約いたしました。

人間ひとりひとりには、かけがえのない天性があります。しかし、それは潜在的であり、天性を開花させるための道というのは自分ではなかなかわからないものであります。そこで外部からの働きかけ、つまり、教育が必要になります。特に教育に取り組む側が内容や方法を整えることが必要になります。本学は、この学びの道を整える力を修道力として位置づけ、学生一人ひとりの道の実現のために取り組んで参ります。

ご静聴大変ありがとうございました。以上でシンポジウムを終了とさせていただきます。本日のパネリストに盛大な拍手をお願いいたします（拍手）。それから名古屋からおいでくださいまして、力強い励ましの言葉、重要なご提言を頂戴いたしましたハンス　ユーゲン・マルクス先生に盛大な拍手をお願いいたします（拍手）。

ささやかですが、マルクス先生にプレゼントがあります。扇子なんですが、日本語の修道のいわれと裏に松田先生が紹介された英文の紹介が入っております。センスがいいかどうかわかりませんが、マルクス先生に差し上げたいと思います（拍手）。

以上で終了とさせていただきます。本日は誠にありがとうございました。

注

1 このプロジェクトは、二〇〇八年一二月の中央教育審議会答申「学士課程教育の構築に向けて」で示された学士課程をとおして学生が身につけるべき力としての学士力を、本学の理念等を踏まえ策定することを目的に組織された。構成メンバーは次の通り（役職・職位は二〇一〇年度現在）。

座長　相馬伸一（学長室長・人文学部教授）
委員　落合　功（学術交流センター長・商学部教授）
　　　高濱節子（入学センター長・商学部教授）
　　　藤井　隆（法学部教授）
　　　松田克進（教務部次長・人間環境学部教授）
　　　矢田部順二（教務部長・学習支援センター長・法学部教授）
　　　岡田あずさ（経済科学部准教授）
　　　大津　章（キャリアセンター長）
　　　日原　容（財務課長）
　　　森戸眞爾（教務課担当課長）
　　　担当部局：総合企画課（主任主事　栗原伸治）

同プロジェクトでは、次の六回にわたる公開学習会を開催した。

第一回　〈修道〉を哲学する
日　時：二〇一〇年五月一四日（金）一六時三〇分～一八時
報告者：松田克進（人間環境学部教授・教務部次長）

第二回　「修道」一八五年――藩校から私立大学へ――
日　時：二〇一〇年六月一一日（金）一六時三〇分～一八時
報告者：落合　功（商学部教授・学術交流センター長）

第三回　高等教育政策の変遷と本学の対応――一九九一年の大綱化以降を中心に――
日　時：二〇一〇年六月一八日（金）一六時三〇分～一八時
報告者：立川　章（教務課専門職員）

第四回　思想史のなかの〈修道〉
日　時：二〇一〇年七月二日（金）一六時三〇分～一八時
報告者：藤井　隆（法学部教授）

第五回　修大生につけさせたい英語の力
日　時：二〇一〇年七月九日（金）一六時三〇分〜一八時
報告者：岡田あずさ（経済科学部准教授）
竹井光子（法学部教授・教務部次長）

第六回〈修道力〉への中間考察
日　時：二〇一〇年七月一六日（金）一六時三〇分〜一八時
報告者：相馬伸一（人文学部教授・学長室長）

2 当時、大学名の改称として提案されたのは、安芸大学、修道大学、広島修道大学、広島国際大学、広島平和大学、沼田大学、修道学園大学、修道館大学などであった。『広島修道大学五十年史』（二〇一〇年一一月、広島修道大学発行）

3「修道大学設立期成同盟会趣意書」『広島修道大学五十年史』（二〇一〇年一一月、広島修道大学発行）

4 資料2を参照のこと。

5「修道館」という藩校名を使ったのは、近世を通じて、広島藩以外に、下手渡藩、白河藩、宇都宮藩、花房藩、高田藩、西尾藩、三草藩、小泉藩、田辺藩、松江藩、久留米藩、三池藩、岡藩、棚倉藩、下妻藩、安中藩、椎谷藩、津山藩、府中藩、宍戸藩、岸和田藩、全国で二一藩存在した。（大石学編『近世藩制・藩校大事典』吉川弘文館、二〇〇六年による）

6 山田養吉は幕末期、広島藩学問所内の寄宿舎の塾頭であった。明治元年に学塾を再興したときも塾頭に任じられている。その後、賀茂郡志和村に文武塾を設置し、生徒三〇〇人を養成する際、山田養吉は漢学教授として迎え入れられている。また、山田養吉が東京の海軍兵学校を辞職する際、「男児有志未為灰、一諾千金不可囲、願得放鳥賜閑暇、為郷学国育人材（男児志有りて未だ灰と為らず、一諾千金にして回らすべからず、願わくは放鳥閑暇を賜うを得て、郷学、国の為に人材を育てん）」と述べている。山田養吉の地元での教育への熱意をうかがうことができるだろう。

7『芸藩志拾遺』によれば、「（明治）十九年に至り広島県中学校を広島尋常中学校と改称し、県下有志者の寄附金を以て維持するの議起り、修道学校の現存ハ該尋常中学校前途の支障となる場合に至るへしとて、遺憾なから本校ハ浅野家の関係を離るるの止を得さるとの議にて遂に之を廃止せられたり、依て養吉ハ自ら公の教旨を指持し自邸に於て教場を設け教育事業を継承せしと云ふ」と記載されている。また、『修道学園史』（一九七八年、学校法人修道学園編集）によれば、「山田養吉は浅野家から支給された学校残資で、七、八名の生徒をサンフランシスコに留学させ、また浅野長勲に請うて、「修道校」の額および「孔子神位」外学校の器物や書籍など、みな浅野家から下付を受けて八丁堀の自邸に移し、独力で修道学校を興し経営することにした」と述べている。この中で、山田養吉が自邸に持ち込んだ、「孔子神位」は学問所設置の際に聖廟を設置し、湯島聖堂にならい、天明三年に浅野重晟が「至聖先師孔子神位」の八字を書して安置した。この孔子廟は広島藩藩校の象徴的存在であり、藩校が移動する際は、孔子廟も移動している。現在、修道高校に安置されている。この孔子神位があることが藩校を引き継いだ根拠ともいえる。

8 正徳五年六月二四日、浅野吉長が植田玄節に親書を下したものには「文武は両輪のことしと古来より申伝へり、武道は武士の可相励儀珍敷からすといへとも、弥常に可修練事専用なり、然れとも学問なき時は万事之道理に不悉して、自然と忠孝の志にたかへる行跡も出来易く、就中奉行役人等理非（分）明ならすしては、其趣に就て決断理にそむける儀も有へし、然れは学問に志すへき事なり・・・」と述べてある。さらに享保二年十月五日、浅野吉長が出した藩士への親書に、「武儀を励み嗜候儀者、何茂覚悟之事に候得者不及申候、無油断可心懸候、亦学問も有之者物毎に付而義理善悪之筋明らかに成、弥言行風俗迄も宜、頭立役人奉行支配有之候者共も諸事に誤有間敷候、其上銘々自用之為にも可成と講釈申付候間、以其心得可承者也」とある。

9 享保十九年十二月に至り講学所を講学館に改称した際、寺田半蔵が学規三則を作成している。その三則の一番最初に「講学之道要在修身、苟忘其本而徇其末、則雖日誦千言亦非為己之学也、会者其審諸（講学ノ道、要ハ身ヲ修ムルニ在リ、苟シ基本ヲ忘レテ其末ニ徇《したが》ハバ、則チ日ニ千言ヲ誦スト雖トモ、亦己カ為ニスルノ学ニ非ザル也、会者其レ諸々ヲ審ニセヨ）」と記載されている。

10 修身教育は道徳教育と同義とされるが、一般に太平洋戦争前の学校教科の一つとして設けられた修身科の教育を意味することが多い。二〇世紀に入る頃から修身教育は権力機構を支える家族倫理と忠君を有機的に統一する家族国家観に立って進められてきた。これに道徳理念が加わる中で公民化などが進められて来たものと言える。

11 明治二年十月、浅野長勲は儒学が詩文などの技芸に終始して、実学から離れていることをうれい、家臣である浅野忠（明治元年より政事副総督に任じられている。その後、明治五年厳島神社の宮司に任じられている）に対し、「学問は人の人たる道を学ひ候義候へハ、上下貴賤共日夜修業忠孝の大義を不忘却様いたし度事ニ候、然るに、学者或ハ流俗ニ泥ミ、技芸者流同様の事ニ相成甚歎敷事ニ候」と述べている。

12 福沢諭吉や津田真道など、近世までの儒学、仏教、国学などの明治以前の思想・文化を否定し、数理の上にたつ西洋近代科学を実学とした立場。

13 『芸藩志拾遺第十八巻』（『広島県史　近世資料編Ⅰ』、一九七三年）

14 森戸辰男名誉学長、原田博治学長、隅田哲司学長のそれぞれの講演、告辞は、簡潔にして本文に掲載してある。実際の内容は、「原田博治学長　第二回入学式告辞」「森戸辰男名誉学園長講演　大学教育と人間形成（昭和三八年四月二二日、広島市公会堂）」「隅田哲司学長　昭和四八年度入学式告辞」（『広島修道大学五十年史』二〇一〇年一一月、広島修道大学発行）が掲載されている。参照されたい。

15 『礼記』の鄭玄注の日本語訳は『全釈漢文大系第十二～十四巻　礼記（上・中・下）』（集英社）にある。

16 朱熹『中庸章句』の日本語訳は『朱子学大系第八巻　四書集注（下）』（明徳出版社）にある。

17 荻生徂徠『中庸解』は例えば『日本名家四書註釈全書』第一巻（鳳出版）に収められている。

18 王守仁は『中庸』の注釈書を著していないが、かれの中庸解釈については『全釈漢文大系第三巻　大学・中庸』（集英社）に詳しい説明がある。

19 佐藤一齋『中庸欄外書』は『日本名家四書註釈全書』第二巻（鳳出版）に収められている。

20 James Legge: 1812-1897.

21 フランチェスコ・アイエツ作「アリストテレス」（一八一一年制作）。

22 アリストテレスのこのような思想は、例えばその著『形而上学』で表明されている。

資料１　広島修道大学の教育方針（３つのポリシー）

～すべてを学びのもとに～

広島修道大学は、広島藩の講学所を淵源とする修道学園が設置する大学であり、「地域社会の発展に貢献できる人材の養成」、「地域社会と連携した人づくり」、「地域社会に開かれた大学づくり」を理念とし、「地球的視野を持つ人材の養成」、および「個性的、自律的な人間の育成」を全学の教育目標に掲げています。

本学の「修道」という名は、中国の古典『中庸』の「道を修めるこれを教えという」に由来します。この一節の「修める」とは「整える」という意味であり、「道を修める」とは「学びの道を整える」営みとして理解されます。この主旨を踏まえ、本学としての教育力を「修道力」として位置づけます。そして、大学全体を学習する組織として発展させることによって学生の皆さん一人ひとりがその可能性を実現できるよう、学部・研究科はもとより、教職員が一体となった改善に取り組んでいきます。

Ⅰ．学位授与の方針（ディプロマ・ポリシー）

広島修道大学は、学生一人ひとりがその可能性を実現できるよう、以下の３点を学士課程教育において身につけるべき学士力として明示します。

⑴確かな思考（思考）

講義、ゼミナールなどでの読む・聴く・書く・話すことの反復をとおして、各学問分野の知識を収集・整理し、理解・分析・表現することができるようになること。

⑵広がる経験（行動）

修得した知識と技能をもって他者と協力して課題の解決に取り組み、それを冷静に評価して次の思考と行動に生かしていけるようになること。

(3)開かれた心（態度）

新しい知識や経験に関心を持つとともに、積極的に傾聴する姿勢を持ち、国際性の尊重をはじめとした他者受容ができるようになること。

Ⅱ．教育課程の編成方針（カリキュラム・ポリシー）

広島修道大学は、学生一人ひとりが円滑に大学での学修を開始し、学士課程をとおして深い学識が身につくよう、以下の3点を教育課程の編成方針として明示します。また、講義科目はもとよりゼミナールなどの学生主体の授業の充実を図るとともに、時代の変化に対応した授業方法を提供します。

(1)基礎から発展

学士課程教育に必要な基礎的な知識や技能を身につけるための初年次教育の充実を図ります。各学問分野の主専攻科目を体系的に開設するとともに、高度な知識や技能を修得するため、情報化や国際化の進展にも対応した教育プログラムを設けます。

(2)視野の拡大

豊かな人間性を培うために全学共通教育科目を開設します。他の学部・学科・専攻の主専攻分野を専門的に学ぶことのできる副専攻制度を設けます。

(3)経験の拡充

実社会・地域社会での生きた学びの機会として実習的科目・キャリア教育科目を設けます。多様な価値観や異文化を理解するための科目及び留学制度の充実を図ります。

Ⅲ．学生の受け入れ方針（アドミッション・ポリシー）

広島修道大学は、高等学校卒業程度の学力を有し、多様な個性や関心を持った人を広く国内外から受け入れるため、以下の３点を学生受け入れの方針として明示します。

⑴入学試験の全制度

本学の各学科・専攻で学ぶために必要な学力を有する人を広く受け入れます。

⑵ＡＯインターアクション入学試験、公募推薦入学試験、指定校推薦入学試験

高等学校等での正課内・課外の活動に積極的に取り組み、本学の各学科・専攻の求める学生像を理解し、本学で学ぶことを強く希望する人を受け入れます。

⑶入学準備学習

早期に入学が決定するＡＯインターアクション入学試験、公募推薦入学試験、指定校推薦入学試験等の合格者に向けて入学準備学習の充実を図ります。

資料2　年表

		事柄
一七二五	享保一〇年	広島城北の白島に諸芸稽古場屋敷を創設するとともに、場内に漢学教場を創始。講学所と命名。
一七三四	享保一九年	講学所を講学館に改称。
一七四三	寛保三年	藩政の経費節減令により白島稽古場屋敷を廃止。講学館も廃止。生徒は寺田半蔵家塾で学ぶ。
一七八二	天明二年	学問所設置。講堂を分けて東西とする。東堂は古学、西堂は宋学。別に聖廟を設け孔子画像をかかげる。
一七八五	天明五年	古学、宋学（朱子学）の対立が激しく、学問所では朱子学を採用。その後、香川修蔵など、学問所の出務を解免。私塾で生徒を教育
一七八九	寛政元年	香川修蔵、流川町邸宅を給う。学舎を建設し、私塾、修業堂を開く。藩は学問所と修業堂の二つの書生教育を認めた。
一七九二	寛政四年	香川修蔵、病死。特命で修業堂を官立に。次第に衰退。弘化年間に廃止。
一八六三	文久三年	学問所内に寄宿寮を新設。山田養吉を塾頭にする。
一八六八	明治元年	城内八丁馬場に学問所学塾設置。国家多事のため中止。山田養吉の建議により学塾再興
一八七〇	明治三年	学問所を城内八丁馬場の旧邸に移し、修道館と総称。
一八七一	明治四年	廃藩置県により藩立学校は廃止。修道館廃止。
一八七七	明治一〇年	浅野長勲。広島に学校を建設を意図。浅野学校（温知館）開校
一八八一	明治一四年	学制改革。修道学校と改称。山田養吉を登用。校務一切を委任
一八八六	明治一九年	広島県中学校を広島尋常中学校へ。修道学校廃止。山田養吉、自邸で教場を設け、修道学校として教育事業を継承
一九〇〇	明治三三年	昼は漢学、夜は中学校普通科の授業を実施
一九〇五	明治三八年	水山烈が校長となり、私立中学校の認可を受け、修道中学校として発足
一九〇七	明治四〇年	修道中学校、南竹屋町に移転
一九二六	大正一五年	修道中学校、千田町に移転
一九四四	昭和一九年	第二修道中学校（夜間三年制）開設
一九五二	昭和二七年	修道短期大学設立
一九五六	昭和三一年	修道短期大学第一部の設置認可、開学
一九六〇	昭和三五年	広島商科大学（四年制大学）開学、翌年短期大学一部は廃止（学生数四一〇名）
一九六一	昭和三六年	広島商科大学商業経済研究所設置（七八年総合研究所、〇八年学術交流センターへ改組）

一九六二	昭和三七年	就職部設置（〇五年よりキャリアセンターへ改称）
一九六三	昭和三八年	学生相談室、保健室開設
一九六五	昭和四〇年	広島商科大学同窓会創立総会（二〇一〇年三月現在、同窓会会員数五五、五五一名）
一九六六	昭和四一年	図書館落成
一九六九	昭和四四年	電子計算室を設置（九四年情報センター設置）
一九七三	昭和四八年	広島商科大学を広島修道大学に名称変更。人文学部増設。大学院商学研究科設置。（学生数三、一九八名）
一九七四	昭和四九年	観音キャンパスから沼田キャンパスに総合移転、スクールバス運行開始。広島修道大学サークルＯＢ会連合会（修サ連）結成
一九七六	昭和五一年	中四国地方最初の法学部設置（学生数四、五四九名）
一九七七	昭和五二年	台湾から三名の留学生を受け入れる。（二〇一〇年現在の留学生、七ヵ国から一六九名）
一九七八	昭和五三年	大学院人文科学研究科設置
一九八一	昭和五六年	大学院法学研究科設置
一九八二	昭和五七年	第一回海外夏期研修（ルイヴィル大学）へ一〇名学生派遣。（二〇一〇年現在まで、五ヵ国一二大学に延べ二、三九二名を海外セミナーに派遣）
一九八六	昭和六一年	ルイヴィル大学（米国）と交換協定を締結（二〇一一年現在まで、海外一一ヵ国に延べ一四四名を派遣。現在九ヵ国二二大学と交流協定を締結）
一九九〇	平成二年	法学部国際政治学科を設置
一九九三	平成五年	自己点検評価を開始
一九九七	平成九年	経済科学部設置（学生数五、五〇七名）、国際交流センター開設
一九九九	平成一一年	広島修道大学白書発行
二〇〇一	平成一三年	大学院経済科学研究科設置
二〇〇二	平成一四年	人間環境学部設置
二〇〇四	平成一六年	大学院法務研究科（法科大学院）設置、新図書館設置（二〇一〇年現在の蔵書数七二万冊）
二〇〇五	平成一七年	短期大学部商科廃止認可。学習支援センター設置。中小企業大学校広島校と聴講生研修協定締結（二〇一一年現在、九団体と連携協定を締結）
二〇〇七	平成一九年	全学一年生を対象に、初年次教育を開講。広島工業大学と学生支援協定締結（現在、五大学と連携協定を締結）
二〇〇八	平成二〇年	全学二年生を対象に、キャリア形成支援科目を開講。
二〇一〇	平成二二年	学園創始二八五年、広島修道大学五〇周年記念式典（学生数六、二九二名）

●編集後記

私が広島修道大学に赴任したのは一九九四年の春のことであった。広島に縁のなかった私は、人事公募に応募するまで広島修道大学の存在を知らず、ミッション系の大学かと思っていた。赴任した頃は、大学業界も建学の精神をとりたてて問題にする必要もない大らかな時代だったのだろう。赴任時の研修で建学の精神について聞いた記憶はまったくない。しかし、〈修道〉という言葉はずっと気になっていた。

二〇〇八年、中教審答申「学士課程教育の構築に向けて」が示され、そこには学士力等の検討を各大学の教育理念等に即して主体的に考えていくことが求められていた。この時、建学の精神と学士力の関係は考えてみるべきテーマであると気づき、〈修道〉という名が再び気になりだした。このことを、本シンポジウムの報告者を務めた松田克進教授に話したところ、飲みながら大いに話そうということになった。約束の小料理屋に行くと、松田教授がレジュメまで用意して待っており、盃を重ねながら延々と談論した。あの夜、どうやって帰宅したかよく覚えていない。その後、広島修道大学五〇年という佳節に際し、あの夜の談論が日の目を見ることになるとは夢にも思わなかった。あの夜の酒と肴はまさしくFD（Food & Drink、Faculty Development）であった。

シンポジウムは、「学士力検討プロジェクト」の検討の成果であるが、この間、プロジェクトのメンバーである教職員は、終始積極的に関わってくださった。また、公開学習会ではメンバーでない教職員も講師を務めていただき、参加者からは、毎回、有益なコメントが寄せられた。この意味で、このシンポジウムに至る取り組みは、教職協働による「道を整える」営みそのものであった。参画下さったすべての皆様に厚く御礼申し上げたい。

広島修道大学五〇周年の記念式典終了後、このシンポジウムの記録をとどめておいては、という声があがり、五〇周年事業の一環として出版することとなった。原稿や資料のとりまとめにあたっては、学長室の山中千秋次長、東谷陽子さん、五〇周年記念事業推進室の仲井正美さんの助力を得た。また㈱溪水社の木村逸司社長は、ハードなスケジュールでの出版を引き受けていただいた。記して感謝したい。

この取り組みを振り返って、この営みを可能にしたものは何だったのかと考えると、それは〈修道〉のうちに秘められた私たちをさらなる探求と行動へと誘う知的な広がりと深みであったのではないかと気づかされる。もし、これが私のひとりよがりな気づきでないとすれば、〈修道〉は「学びの道を整える」営みの羅針盤であり続けるに違いない。

登壇者を代表して

相馬　伸一

●登壇者のプロフィール（役職等は二〇一〇年度現在）

パネリスト

●落合　功（おちあい・こう）
広島修道大学商学部教授・学術交流センター長
中央大学大学院博士後期課程文学研究科修了・博士（史学）
一九九八年、広島修道大学に赴任。日本経済史専攻
日本史、日本経済史、海外インターンシップ等を担当

●藤井　隆（ふじい・たかし）
広島修道大学法学部教授
東京大学大学院人文社会系研究科東アジア思想文化学専攻単位取得退学・哲学碩（修）士（北京大学）
一九九七年、広島修道大学に赴任。近代中国思想史専攻
中国語担当

●松田克進（まつだ・かつのり）
広島修道大学人間環境学部教授・教務部次長
京都大学大学院文学研究科（哲学専攻）博士後期課程単位取得満期退学・博士（文学）
一九九七年、広島修道大学に赴任。西洋近代哲学専攻
現代思想と環境、自然と人間の哲学、哲学等を担当

コメンテーター

●ハンス　ユーゲン・マルクス
学校法人南山学園理事長
一九四四年年、ドイツ生まれ。
聖アウグスティヌス哲学・神学大学卒業、神学博士（ローマ・グレゴリアナ大学）
南山大学第五代学長

コーディネーター

●相馬伸一（そうま・しんいち）
広島修道大学人文学部教授・学長室長
筑波大学大学院博士課程教育学研究科単位取得退学・博士（教育学）
一九九四年、広島修道大学に赴任。西洋近世教育思想史専攻
教育原理、学習論、教育関係論等を担当

＜修道＞—その軌跡と展望

2011年3月22日　発　行

執筆者代表　相　馬　伸　一

発　行　所　㈱渓水社

広島市中区小町1－4（〒730-0041）

電話　082-246-7909／FAX　082-246-7876

メール　info@keisui.co.jp

ISBN978-4-86327-140-1　C0037